NAN SHEPHERD

The
Living
Mountain

活山

〔英〕娜恩·谢泼德 著

管啸尘 译

文匯出版社

新经典文化股份有限公司
www.readinglife.com
出 品

目 录

序言	我走，故我在　罗伯特·麦克法伦	1
前言		35
第一章	高地	39
第二章	大山深处	49
第三章	群山	57
第四章	水	65
第五章	霜与雪	73
第六章	空气与光	87
第七章	生命：植物	95
第八章	生命：鸟兽昆虫	111
第九章	生命：人类	131
第十章	睡眠	149
第十一章	感官	157
第十二章	存在	169
附录	一床，一书，一座山　珍妮特·温特森	175
地名翻译对照表		189

凯恩戈姆地区
地标图

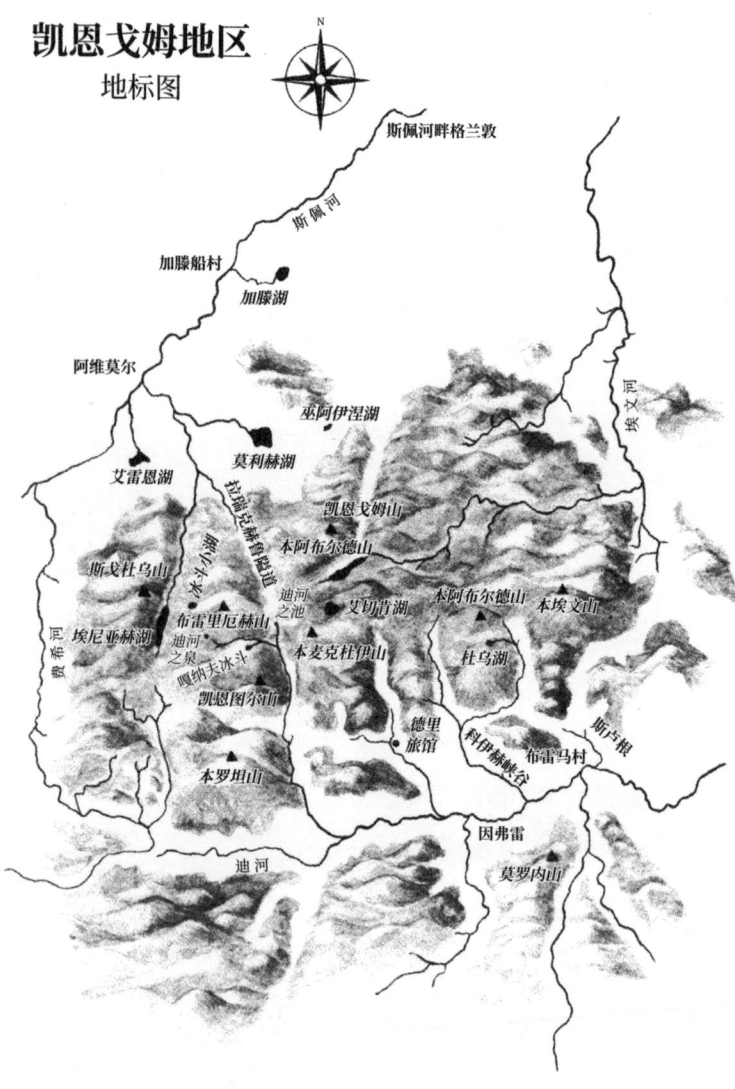

序言　我走，故我在

罗伯特·麦克法伦*

凯恩戈姆山脉位于苏格兰东北端，可算作英国的北极圈。每到冬天，时速高达一百七十英里的暴风席卷山中海拔较高的诸郡，雪崩把山坡擦得干干净净。北极光笼罩于山顶之上，发出红绿交错的光芒。即便是在盛夏，积雪依旧覆盖着最深的冰斗，然后缓缓凝结成冰。由于一年到头狂风不止，高原上的松树最高只能长到六英寸，灌木丛压低身子挤在一块儿，挨着石堆形成一片片矮林。苏格兰的两条大河——迪河和埃文河——均发源于

---

* 罗伯特·麦克法伦（Robert Macfarlane, 1976—　），英国作家、学者，其研究和写作领域侧重于自然与文学的关系、当代诗歌等。麦克法伦著有"行走文学三部曲"，2013年受邀成为布克奖史上最年轻的评委会主席，《格兰塔》（*Granta*）前主编称他为当代最好的行走文学作家。（若无特别注明，本书中的注释均为译注）

此：似雨水下落，经岩石过滤，汇聚成我所见过的最清澈的水流，一路凝聚力量，直至奔腾入海。这儿的山体由大量被侵蚀的岩浆残留物构成，泥盆纪时期从地壳喷涌而出的岩浆冷却成为花岗岩，尔后从周围的片岩和片麻岩中凸显出来，形成山脉。凯恩戈姆山脉曾经比今天的阿尔卑斯山还高，但在历经上百万年的侵蚀之后，现已变成低矮荒凉的鲸背状丘陵和破碎峭壁。生于火，塑于冰，再经风、水、雪打磨，凯恩戈姆山脉的形成靠的是娜恩·谢泼德在这本薄薄的大作中提到这个区域时所说的"原生力"（the elementals）。

安娜·谢泼德（Anna Shepherd，即娜恩·谢泼德）于一八九三年出生在阿伯丁附近，一九八一年在那里去世。漫长的一生里，娜恩花费了数百个日子，走过了几千英里路徒步探索凯恩戈姆山脉。她的成名作主要包括三部现代主义小说：《采石林》（*The Quarry Wood*）、《晴雨匣》（*The Weatherhouse*）以及《格兰扁山路》（*A Pass in the Grampians*）。但在我看来，直到最近才有为数不多的人接触到她最为重要的散文集：《活山》，一部写于二战最后几年的作品。

谢泼德是那种最出类拔萃的本土主义者：她对自己选择的地方再熟悉不过了，但这份熟悉并没有限制她的视野,反而将其拓宽。她成长于普通中产家庭,一生的活动范围大都局限在阿伯丁。她先后就读于阿伯丁女子高中和阿伯丁大学,在一九一五年大学毕业后的四十一年里,一直在如今的阿伯丁教育学院担任英文讲师(谢泼德自嘲说,她在那里的"神圣任务"就是"尝试阻止一些从那儿毕业的学生完完全全地遵从社会认可的生活模式")。虽说谢泼德去过很多地方,包括挪威、法国、意大利、希腊以及南非,但她生活过的地方只有位于迪赛德北部的西卡尔茨村。对她而言,距离西卡尔茨仅仅几英里的凯恩戈姆山脉就是她的心灵腹地。一年之中,无论春夏秋冬,无论是在清晨、白昼、黄昏还是夜晚,无论是一人独行还是得友相伴,无论结伴之人是朋友、学生还是迪赛德俱乐部的徒步爱好者,谢泼德一直走在去往或踏出山的路上。和所有真正的登山爱好者一样,在平地待久了,她反而会犯高山病。

　　谢泼德从小就对生活充满渴望,活得兴致盎然,却也不失宁静淡泊。在给朋友的信中,她提到一张蹒跚学步时站在妈妈膝上的照片,说自己"全身乱动,挥拳踢腿使着劲儿,好像要去抓住人生一样——我发誓,你对着照片都能看见小胳膊小腿儿乱舞"。谢泼德是柯勒律治所说的"图书馆鸬鹚",性嗜翻书,无所不读。

一九〇七年五月七日，年仅十四岁的谢泼德开始了人生第一本"札记"，她在这些摘录簿里抄写文学、宗教和哲学作品中的片段，从中可以看出这位年轻女性阅读范围之广。

谢泼德在一九二八到一九三三年间迎来了创作高峰，一连出版了三本小说，紧接着又在一九三四年出版诗集《在凯恩戈姆》(*In the Cairngorms*)。由于发行量小，这部诗集如今几乎难觅其踪。它是令谢泼德本人最感骄傲的一部作品。她脑子里有着清晰的文体层级，高居首位的就是诗歌。在与小说家尼尔·古恩*的通信中（两人在信中言语挑逗，字字珠玑），谢泼德写道，"诗歌以最激烈的形式呈现了所有经验的核心"，使人们得以一瞥"生命那熊熊燃烧的内核"。她感觉，只有当她被"附身"，只有当她"整个身心……突然焕发生命"，诗歌才能自笔端淌出。然而，她也曾向古恩真情吐露，担心自己"关于星辰、高山以及光芒"的诗歌过于"冷峻"，过于"无情"。尽管如此，她依然坦承，"在被创作念头完全占有时，我能想到的只有这些东西。"

---

* 尼尔·古恩（Neil M. Gunn, 1891—1973），苏格兰知名作家，被视为 20 世纪上半叶最具影响力的苏格兰小说家之一。

六年写就四部作品，然后，一片空白。其后的四十三年间，谢泼德再无作品问世。这种文学上的沉寂究竟是出于审慎考虑还是因为文思枯竭，如今已无从知晓。即便是在一九三一年的产出高峰期，谢泼德也曾因无法创作而几近抑郁，深受打击。"我已经写不出任何东西了，"她在那一年写给古恩的信中难掩压抑，"人们（又或许只是我）在一生中总有些说不出话的时候。我猜，除了任生活继续，我们什么也做不了。语言可能会回来。但也可能再也不来。假如它再也不来，我也只好接受失语的状态。至少，不能仅仅为了制造噪音就大吵大叫。"语言的确在一九三四年后又回来了，但也不过是断断续续地光顾。她写得很少，除了《活山》——一本只有大概三万单词的作品——以及一些偶尔投给迪赛德俱乐部杂志的文章。

有关《活山》创作过程的精确信息很难获知。可以确定的是，虽然这本书是从谢泼德一生的登山经历中汲取灵感，但其创作时间主要集中在二战末期。书中，战争仿佛一记远雷：飞机坠落在高原上，机组人员因此丧命；在施行灯火管制的夜里，她走去片区内唯一的那台收音机收听作战新闻；为满足战事所需，若斯墨丘斯庄园里的欧洲赤松被放倒征用。我们知道谢泼德在一九四五年夏末已经完成了草稿，因为那时她曾给古恩发去一份书稿请他审阅并提出意见。"亲爱的娜恩，你根本不需要我来告诉你我有多么喜欢你的书"，古恩狡黠的回复以此开端，随后写道：

> 完美之作。行文克制，有着犹如艺术家、科学家和学者一般的准确度；下笔精准，毫无学究气，却永远到位。爱由此流露，以及智慧……你关注的是事实，有条不紊、语气平静地在此基础上建构观点。在你的世界里，光和存在本身即是事实。

古恩直白地点明了这本书风格上的独特之处：抒情节制，极其专注，精准到位，以观念编织描述，令事实摆脱臃肿，变得轻灵而有趣。然而，信里紧接其后的观点就有些傲慢了。古恩认为这本书"可能难以"出版。他认为对读者来说，有关凯恩戈姆山脉的各种"专有名词"毫无意义，他建议谢泼德插入图片，再加幅地图来辅助阅读。他建议她避开"一团糟"的费伯出版社，转而考虑在《苏格兰杂志》上发表连载。他对谢泼德——他的"洛神"——写出这些可能吸引"山林乡野爱好者"的文字表达了祝贺。

可能是当时无法确保出版,也可能是谢泼德不想在那时出版,总之四十多年里这本书的手稿都被落在抽屉里,直到阿伯丁大学出版社在一九七七年静悄悄地将其付印。同年,布鲁斯·查特文出版了《巴塔哥尼亚高原上》,帕特里克·莱斯·弗莫尔出版了《时间的礼物》,约翰·麦克菲出版了《到乡下来》;一年之后,彼得·马修森充满禅宗思想的山野史诗《雪豹》问世。在我看来,《活山》可与这四本名声更响的游记类经典作品比肩。在我所知的二十世纪研究英国山水的作品里,只有约翰·亚历克·贝克的《游隼》拥有与它相似的浓缩度,二者都是此类作品中的异类,拥有引人注目的散文诗特质,以及对眼神的迷恋(不仅限于视觉意义,还有神谕般的意蕴)。有许多原因都可以用来解释这本书为何会吸引新一代读者关注,其中最重要的就是"自然写作"在当今社会引发的热潮。由于谢泼德鄙视谄媚之言,我在谈论这本书时必须注意自己的语言。在一九三〇年写给古恩的信中,谢泼德谴责了曾对她早期两部小说发表过评论的苏格兰媒体,称其"过于阿谀奉承"。"你难道不讨厌自己的作品被过度追捧吗?"她抛出这么一个问题,"这些行为让我非常讨厌那些吹捧者。"我很难想象怎么样才算"过度赞扬"这本书,因为我实在太推崇它了,但——既然谢泼德已经清楚地发出了警告——我还是会注意克制。

《活山》是本难以定性的书。一本颂歌似的散文诗？一次探索自然的诗意追问？一首关于处所的赞美诗？一场探讨知识本质的哲学思考？一份长老派与道家教义的混搭？虽说这些描述或多或少都符合《活山》的特征，却无法将其概述完整。谢泼德自己把它称作"爱的流通"（a traffic of love），"流通"在这里意味着"交换"和"交互"，而非"拥挤"或"堵塞"，甚至还带有包含在"爱"里的性的震颤。本书语言沧桑老练，体现在两个层面：它既描摹了不同种类的气候，也是作者与"原生力"接触几十年的收获。从调性来看，"灵台清明"和"情感涌动"并存；从文类上讲，它囊括了田野笔记、回忆录、博物学和哲学沉思。一方面，它涌动着令人兴奋的唯物色彩，凯恩戈姆山脉坚硬的岩石兀自挺立，这样一个大山世界"完全什么都不做，唯是其所是而已"；另一方面，它关于心灵与山脉间互动的描写几乎有万物有灵的意味。

《活山》应当在最广阔的意义层面上被理解为一部地方性的作品，这一点至关重要。在过去的一个世纪里,"地方性"(parochial)这个词已经变味了。作为"教区"(parish)的形容词形式,它渐渐被赋予了宗派主义、孤立性、局限性的意义,意味着一个心灵或是整个群体向内转向,开始令人鄙夷地自我设限。然而,这一切并非向来如此。爱尔兰伟大的世俗诗人帕特里克·卡瓦纳就对教区的重要性深信不疑。对卡瓦纳来说,教区并非界限,而是一个小孔,由此可以看到整个世界。"地方观念(parochialism)是普世皆同的,"他写道,"它处理的是最基本的问题。"值得注意的是,卡瓦纳和亚里士多德一样,没有把"普世"(universal)和"普遍"(general)混为一谈。对亚里士多德而言,"普遍"的概念宽泛、模糊而且难以辨认,"普世"则源自对个体的密切关注,在经历了细致调整之后才能形成。卡瓦纳一次又一次地回到"普世"与"普遍"之间的这种关联,不断提及一个观点:我们通过仔细观察近在眼前的事物来获得新知。"所有伟大文明的根基都来自地方,"他这么写道:

> 哪怕只是想完全了解一个领域或一片土地,也需要耗费一生的时间。在诗歌的经验世界里,起决定作用的并非广度,而是深度。篱笆间的一道缝隙,狭窄河道里露出水面的一块光滑石头,植被茂盛的草丛

中的一处风景,四块小牧场交接处的一湾溪流——这些差不多就是一个人可以体验的全部。

谢泼德对凯恩戈姆山脉的了解并不"广博",却很"深刻"。对她而言,凯恩戈姆就像吉尔伯特·怀特的塞尔伯恩、约翰·缪尔的内华达山脉、蒂姆·罗宾逊的阿伦群岛*一样重要。它是她陆上的岛屿、专属的天地、钟爱的领地,她用脚步丈量、探索,长期以来对这片土地的关注为她带来了全方位的了解,而非局限的知识。谢泼德曾经问古恩,人能否发现一种方法"使庸常之物发散出光芒"?她自己总结道,这"应当会赋予其普世性"。《活山》正是谢泼德成功化"庸常"(common)为"普世"的一个成就。

大部分登山文学都由男性作家书写而成,而大部分男性登山者都聚焦于山巅:在他们看来,一次山野探险

---

* 吉尔伯特·怀特(Gilbert White, 1720—1793),英国18世纪著名博物学家、作家,其大半生都在塞尔伯恩度过,并以在该地观鸟、探索自然为乐,著有书信体作品《塞尔伯恩博物志》。约翰·缪尔(John Muir, 1838—1914),美国早期环保运动领袖、自然文学作家,出版过多部关于自然的书,其中关于内达华山脉的作品最为知名。蒂姆·罗宾逊(Tim Robinson, 1935—   ),英国作家、地图制作师,曾定居于爱尔兰西海岸的阿伦群岛(Aran Islands),出版过两部关于阿伦群岛的研究性著作,并为群岛绘制了详尽地图。

的质量如何，完全取决于是否登顶。然而正如登顶并非爬山的唯一路径，关于围攻与冲顶的叙述也不是书写的唯一方式。谢泼德的这本书或许更适合被归为山野文学，而非登山文学。早些时候，她承认自己年轻时常常抵不过来自"高度的味道"的"诱惑"，在接触凯恩戈姆山脉时以自我为中心，拿大山"在我身上产生的影响"为标准来欣赏它，也曾"直奔山顶"。《活山》叙述了随着时间流逝，谢泼德是如何学会漫无目的地走入山岭，"单纯想要和山待在一起，就像去拜访一位朋友，除了与他做伴，再无其他意图"。"我又到了高原上，像只转着圈儿的狗一样围着它走来走去，想弄清楚这是不是个好地方，"她以聊天式的口吻开始了一个章节，"一切正合我意，我要在这儿待上一会儿。"对溜达的兴趣取代了登顶的狂热，高原取代了山巅。她对探索能够让她无所不知、拥有上帝视角的峰顶失去了兴趣。因此这本书开篇呈现出一幅清晰的图景，永久地改变了我观看凯恩戈姆山脉的方式。她提议把山看作一个整体，而非一系列独立的峰顶："高原才是这些山脉的真正顶峰；所有的山必须被视为一体，而那些山顶……也不过只是高原表面的涡流罢了。"

因此，谢泼德作为一个行走者所进行的，就不再是传统意义上的朝圣之旅。她并没有一路猛冲，而是绕山漫步，跨越峰峦，走入山林。她在一次又一次的翻山越岭中怀着含蓄的谦卑之心，这和其他人对登顶的狂热背后的那份自鸣得意形成了对比。普通登山者期待俯视万物，向外寻求无所不知的快感；而这位朝圣者则满足于向远处、向内里寻求神秘感。

凯恩戈姆是我接触最早的山脉，直到今天依旧是我最了解的一个。我祖父母在山脉东北端斜坡上的一个林间小屋安家，他们粗犷的牧场一直延伸到埃文河的岸边。我很小的时候就常常在夏天和家人一起去拜访他们。房间里的一面墙上挂着一幅由英国陆地测量局制作、关于整个山脉的巨大覆膜地图，我们用手指在上面划出已经走过的路，描摹下一次漫步的轨迹。我祖父是一位喜欢登山的外交家，一辈子都在世界各地爬山。正是他和他的凯恩戈姆世界在年轻的我心中埋下了对高度的热情。在幼时的我看来，他那三英尺长的木柄冰镐和陈旧的铁质攀岩冰爪就像是巫师的道具。祖父向我展示过他攀登阿尔卑斯山和喜马拉雅山时拍摄的黑白照片；人类竟能登上这些山脉，这在我看来简直不可思议。对那时的我来说，登山就如谢泼德所说，"是一项传奇任务,只有英雄方能达成,远非每个人都能做到"。我和谢泼德一样,童年时期与凯恩戈姆山脉的接触"让我一生都与大山紧紧相依"。从那以后,我多次徒步、滑雪跨越山峰,我的区域地图如蜘蛛网一般,布满曾经尝试过的路径。我看到过几十只蓝白色的雪兔,这些体形和狗一样大的兔子从格拉斯莫尔山后的泥沼地里跳出来;也跟随过一群群的雪鸦越过布雷里厄赫山的高地;也曾在暴风雪肆虐时躲在北部冰斗的一个雪坑里,度过了好几个小时。

因此,早在二〇〇三年一位老朋友推荐《活山》给我之前,我就已经知道凯恩戈姆山脉了。他提到这本书时,就像在谈论一本差点被人们从经典文库遗漏的大作。我捧起它,随后被它改变。我曾以为自己已经非常了解凯恩戈姆,而谢泼德的文字让我意识到这是多么自负的想法。她的文章重塑了我看待这些熟悉山脉的视角,教会了我如何看见它们,而不仅仅是看着它们。

《活山》充满了敏锐的洞察力,只有"在山上待过一段时间"、频繁走过某些地形的人才能做到。"桦木只有在雨天才能释放出气味,"谢泼德写道,"这种香醇的味道就像陈酿白兰地一样浓郁,在潮湿而温暖的日子里,教人醺醺然沉醉其中。"在读到这些文字以前,我从未注意过桦树的气味；而如今但凡站在夏日雨后的桦树林里，就不可能嗅不出一丝拿破仑干邑的香气。在书中的其他地方，谢泼德记录并评论了金雕"一圈又一圈"步步高飞的过程，"地衣中微小的绯红杯菌"，"白翼松鸡"的腾空飞行，一池塘的"像投掷游戏里的筹码一样跳跃的小青蛙"，以及一只穿越阳光下的雪地、留下"古怪而可笑的狭长阴影"的白色野兔。她拥有类似安迪·高兹沃斯[*]的敏锐洞察力，能够发现大山在偶然间展露出的大地艺术："山毛榉的芽鞘被吹落在道路边缘，仿佛潮水过境，为灰尘漫天的五月带来了一丝明亮的色彩。"她在"绸缎般温柔"的十月夜里露宿在高原的火成花岗岩上，半睡半醒间感觉自己变成了石头，"深深地沉入静止状态"，在火成岩的影响下转变为全新的矿质版的自己。

由此看来，谢泼德可以算作目光敏锐之人。和很多目光敏锐的人一样，她也有点神秘主义倾向，极端经验主义对她来说是通往内在世界的第一步。"观看了很久之后，"她写道，"我才意识到自己此前从未真正看见过

---

[*] 安迪·高兹沃斯（Andy Goldsworthy, 1956— ），英国雕塑家、摄影家、环保人士，善于在不同环境中因地制宜地创造出不同的雕塑作品。

它们。"她的描述常常超越，或者更准确地说，穿越了物质本身。在山上边走边看几小时之后，她写道：

> 双眼会看到此前错过的风景，或者发现欣赏旧风景的新视角；耳朵和其他感官亦然。这些时刻难以预知，但似乎是受某种规则掌控，至于其工作原理我们仍所知无几。

谢泼德，尼尔·古恩，以及苏格兰探险家、散文家威廉·哈奇森·默里*都深受佛道两教影响。禅宗哲学，如同花岗岩里的云母微粒，在三位作家的散文中都有闪现。即便是在今天去读他们融合了高地景观与佛教形而上思辨的作品，依旧令人感到震撼，如同在菜园里遇到了一场能剧表演，或是在冰斗间看到了一朵野菊盛开。

"一座山，"谢泼德充满禅意地描述道，"自有其内里。"她所谓的这一"最初的想法"，是个相当反直觉的命题，因为通常我们更倾向于从山脉的外在形态——峰顶、山肩、悬崖——来思考。谢泼德总是在观看凯恩戈

---

* 威廉·哈奇森·默里（William Hutchison Murray, 1913—1996），苏格兰登山家、作家，其关于苏格兰登山运动的作品，在二战后引起了登山的热潮。

姆景观的内里,我发现现在的自己站在山丘上也会做同样的事情。她的眼神一次又一次向表面之下的世界窥探,深入岩石裂缝的内部,深入清澈而明亮的湖泊溪流内部。她把手浸入冰斗小湖,赤裸走进埃文湖的浅滩,把手指伸进老鼠洞和积雪里。在《活山》里,"深入……内部"(into)这个介词通过再三重复,获得了动词的力量。她走入大山试图寻找的不是雄伟的户外美景,而是深刻的"内在"、隐秘的"凹陷"。各种隐而不现的风景令她着迷,比如阿登高地的"地下洞穴",还有凯恩戈姆山脉里的"洞穴"与"壮观的峡谷"。格兰扁山区里"小溪"与"湖泊"的水流如此清澈,在她看来,"好比晴朗的天空/天光汇聚其上"。冰斗吸引她的地方在于,在它们创造的罩形空间里,色彩和空气都被赋予了"形体"和"内容"。写到黄昏时在"阴暗森林"里瞥见的生物的眼睛,她好奇它们眼球的"水绿色"是不是"人们看到的某种奇异的虚空的绿色……来自外界光芒的反射或是内部光线的闪烁"。

对大山内部的痴迷可不是一番幻想;相反,它体现出谢泼德试图实现"接近内在"的目标。在谢泼德看来,世界的外在图景与精神的内在景观之间的来往持续不断、从未停止。她知道,长久以来地形地貌为人类提供了有力的寓言资源，是一种为自我画像的良好途径，也是塑造记忆、为思想定形的有力手段。这也正是她在书中研究的对象：山脉在形而上和形而下两个层面的互动关系。谢泼德明白，正如约翰·缪尔早在四十年前所写，"向外出走……其实也是向内探索"。

这篇文章写到一半，我在三月下旬离开剑桥的家，在伦敦坐上卧铺火车，去北方的凯恩戈姆山脉旅行。在英格兰南部，黑刺李的小白花爬满了篱笆，郁金香和风信子散落在郊区的花坛里：春天最繁盛的时刻已经到来。刚一抵达凯恩戈姆，我就发现自己回到了严冬。背风坡上雪崩还在隆隆作响，埃文湖一片冰封，高原上依旧暴风雪肆虐。历时三天，在四位朋友的陪伴下，我徒步跨越了山丘，从东南方向的格伦希滑雪抵达位于西北边的莫利赫湖。在本阿布尔德宽阔的山顶高原，我体验到了最纯粹的"雪盲"状态。爬过高山或是去过两极的人们对雪盲可能并不陌生：雪、云、暴风雪，交织形成了一个苍白的世界，大小和距离变得无法辨别，既没有阴影也没有路标，空间显得深不见底。甚至连地心引力在这里也变弱了，只有当头骨里的血液倒流，才能判断出陡坡和瀑布的线条。在本阿布尔德山上那段令人惊讶的时间，我们仿佛飞行在纯白的世界。

山中世界和沙漠世界一样，充满幻象。雪、雾、云和距离创造出不同的幻觉效果，比如光线和透视的把戏、幻日、雾虹、布罗肯幽灵*、雪盲，等等。这些光学特效令谢泼德为之着迷。某个冬日，她看到一个"无所依附的雪骨架"，后来才发现那是一块很高的峭壁上的黑色岩石；由于无法看清下方的雪堆，它就像悬浮在空中一样。盛夏时节，她透过清澈的空气，看到几百英里外仿佛伫立着一座山峰，一座高大的布拉西尔岛**。"我发誓，我曾看到过一个青色的轮廓，它清晰而渺小，比任何地图已有记载的山脉都要遥远。然而图表和我的同伴对此表示反对，而我之后也再没看见过它。"谢泼德将这些幻觉一语双关地称为"拼写错误的迷咒"（mis-spellings）：某种拥有意外魔力、能够提供意外启示的视觉"错误"。她喜欢这些时刻，丝毫不持怀疑或

---

* 布罗肯幽灵（Brocken spectre），又称布罗肯幻象、布罗肯虹（Brocken bow），是发生在山顶的一种罕见大气光学晕圈现象，指从背后射来的阳光被云或雾衍射，形成彩虹一样的光环，在光环中经常包括观察者本身的阴影。在德国的布罗肯山，经常有此现象发生，因而该现象被称为"布罗肯幽灵"；中国人又称之为"佛光"。

** 布拉西尔岛（Hy-Brasil），一座幻想的岛屿，据说位于爱尔兰以西的大西洋海域。爱尔兰传说将其描绘为一座隐藏在大雾里的小岛，每七年间只有一天能够看到，却无法登岛。

矫正态度。因为"我们轻信的双眼"容易被山里的世界"欺骗",可是事实上这正是我们重新阅读这个世界的途径:

> 由于眼睛所处位置及其使用方式的不同,产生的错觉也千差万别;这让人意识到,平日所见并非事物的真实面貌,不过只是千万种可能性中的一种。假如能发现另一种视角,即便只是短短一瞥,也足以撼动我们,然后让我们再次回归稳定。

这真是精辟的观点和表达。我们看到的从来都谈不上正确,不过是些暂时的表象。"幻觉"本身就是认识事物的手段(这不由得让人想起詹姆斯·乔伊斯的一句话,他把错误视作发现新事物的大门)。尤为重要的是,人类无法召唤这些幻觉使其现出真身,也不能命令它们随时出现。它们源自物质与感官难以预知的合谋;就像整座山一样,它们"可遇不可求"。谢泼德没有系统地穿越山脉,也没有试图利用什么精神地理学的策略来撬开它的秘密。她接受了无法"随意"获得"意料之外的启示"这一事实。山的优美遵循奥古斯丁教义,人无法通过主动寻求而获得其恩典(不过值得注意的是,谢泼德对

"艰难跋涉"的痴迷透露出强烈的长老会理念:她"继续艰难跋涉,往大山深处走去"……她享受着"走起来实在不太容易"的经历……她"向上跋涉")。*

在一段令人惊叹的幻觉描写中,谢泼德叙述了在潮湿的天气里远远眺望石头谷仓的经历。湿润的空气成为棱镜,为她重新调整视角,带来多元视野,使她仿佛能同时看到谷仓的各个侧面。谢泼德自己的风格与此类似,分散而多元。阅读《活山》常有应接不暇的感觉,你的视线被分散在不同事物上,好比突然获得了蜻蜓的复眼,一瞬间得以看到成百个镜头里的景色。之所以会出现这种复合效应,是因为谢泼德拒绝给予任何单一视角以绝对优先权。即便她自己的意识,也只是观看大山的无限焦点中的一个。她的文字一会儿采用飞鹰的视角,一会儿又透过徒步者的眼睛进行描述,不一会儿又转变成为蔓生的杜松的角度。如此一来,我们得以看到地球"看待自己"(用一句她自己令人难忘的话来说)的效果。这本书体现了生态学原理,但没有公然宣扬"环境保护"(我猜这个词对于谢泼德来说没太大意义)。

---

* 奥古斯丁教义强调"原罪"与"救赎"是先验的,人的自由意志遭贬抑,只有通过上帝的恩典才能得救;而长老会教义强调因信称义,人可以通过相信基督而获得恩典。

生态学的第一定律是，万物皆彼此相联；而《活山》全书就充满了，或者说嵌入了彼此交织、相互联系的图景：裸露着的树根像"蛇群一般扭曲交缠"；山上高处的矮小欧洲赤松"匍匐在地，形状几乎像是一朵玫瑰"；雌雄双鸭一起露出水面时，看上去就像一只拥有"一对巨大羽翼"的大鸟；被当地人称为"蟾蜍尾"的多股地衣，拥有几十个"独立发展的触角和侧枝"；湖水将上千根漂浮在水面的松针编织成为复杂的球体，好似鹪鹩的鸟巢，其结构如此错综复杂、紧密相连，以至于"被打捞起来之后仍然可以保存好几年；对那些没听过这个秘密的人来说，可算得上植物界的一大谜题"（当然，这些松针球也隐秘地象征着这本由谢泼德自己"编织"的小巧精悍、"留存多年"的作品）。毫不夸张地讲，读完全书你会意识到十二个章节沿色彩、思维与图像的韵律建立起了联结，因此它们呈现的并非大山的不同方面，而是整体的某个横截面：这本散文集就像一片矮刺柏林。如此看来，书的形式也表达出其核心命题，即世界无法被分割成为清晰可辨的不同领域；它不是一个可以切片的苹果，而是一张难以用图表标识、彼此相互关联的复杂网络。

　　谢泼德描述过在某个漫长的冬季黄昏观察两只发

情期牡鹿打架的场景，双方的鹿角已经在厮打中"交叉"，难以分开。她看着它们"在上冻的山谷地表来回拖拽着对方"，等待答案揭晓：谁会赢？它们会怎么样摆脱对方？然而黑夜降临，谢泼德不得不返回室内，就算第二天一早再回到战斗场地，既没有看到尸首，也没有发现任何线索。这段插曲提供了另一个画面，证明大山会拒绝回答那些明确抛给它的问题。即便是对那些拥有"在调上的"感觉的徒步者，山里的"联锁"也极少打开。鹿群健步如飞，但它们的动作依然"与大地紧紧相连，难以脱离"。一只幼鹿躺卧在"隐秘的山谷"，伪装得如此严密以至于在它眨眼前根本没法判断出它在哪里。大山"不仅意味着岩石和土壤"，也有"自己的空气"。早在拉夫洛克*告诉我们"盖亚"（Gaia）这一概念以前，谢泼德就已提出，她在山里的小世界是个不可分割的整体，应当用全面的眼光去对待它："崩裂破碎的山岩、滋养万物的雨水、令万物复苏的太阳、种子、根茎还有鸟，皆为一物。""所以我就这样躺在高原上，"

---

* 詹姆斯·艾夫莱姆·拉夫洛克（James Ephraim Lovelock, 1919— ），英国科学家，环境领域的知名作家，被誉为世界环境科学宗师。他提出了"盖亚假说"，这一假说视地球为"超级有机体"，将其称为"盖亚"。基于这一理论，他曾预言人类灭绝，但之后又纠正了自己的说法。

她写道:

> 身下是火焰的绝对核心,挤压打磨着轰隆作响的火成岩;头顶上是一方蓝色天空;在岩石之火与太阳之火中间,是碎石、水土、青苔、草地、花木、昆虫、鸟兽、风、雨、雪组成的大山整体。

当然,谢泼德笔下的"整体"(total)完全不同于"总计"(totalising)或是"极权主义"(totalitarian)概念里的含义。只要我们的能力没有达到能完全理解它的程度,她的大山始终会是一个有待发掘的"整体"。

正因如此,对《活山》的理解从来都是永无止限的,始终是等待完成的目标、是尚未达到的状态。山峦不是亟待破解的纵横字谜,起伏跌宕之间都充满了秘密。人类"耐心地搜集一个又一个事实",但这些认识论意义上的积累只能带你走一段路。已有的了解不是奥秘的敌手,而是其同谋。对山间万物的关联了解得越多,真实世界就显得愈发不可思议,其他此前缺乏了解的领域也慢慢展现:"一个人对土壤、海拔、天气和有生命的植物、昆虫之间那错综复杂的相互作用所知越多……这份神秘感就变得愈发浓厚。"谢泼德提到自己喜欢循着"溪流直到其源头"的水文习惯,随后评论说水源——池塘、山湖、内海——藏有更多不可思议的谜题。宇宙不过是在指引你继续向前。出发吧!继续向前!你将遇到"大山从未完全泄露的奥秘"的新鲜面孔。

谢泼德从中学会并在书中展示的是,与某个地方建立长久联系的真正标志是:时刻准备好面对不确定性,并接受无法获得全部知识的现实。"人类从未真正理解大山,也从未真正理解自己与山的关系,"她写道,"了解另一个个体的道路永无止境……被探索的一方会随探索者一同成长。""慢慢地,我发现了进入的方式",逐渐有了进展,但不算完整,因为"假如还有别的感知方式,那我一定能知道更多"。这不是一本对已有发现津津乐道的书,它更喜欢展露对未知的无知,比如万物身上那些"因为我们缺乏了解途径而难以获知的令人兴奋的特质",对她而言"内涵过于丰富"的水,以及"渐渐融入暗沉的云,再也看不出它们在哪儿、又是什么时候恢复了队形和方向"的雁群。谢泼德总是被山峦间无从标绘的增量和盈余驱动,"大脑无法消化大山所能给予的一切,对能够感知的也常常感到难以置信"。

我担心自己的介绍也许会让这本书听上去显得深奥、

冷酷、过度知识分子化。这当然不是事实。《活山》饱含智慧，结构严谨，但绝不费解。在它之中涌动着生命、死亡、躯体、热情，以及微妙的性欲。对她来说，山间的经历与身体密切相关。她记录下了多少欢乐啊！在山上，她以野物为生，搜寻蔓越莓、云莓和蓝莓，痛饮来自小河深处"强大的白色"水流。"我像是一只狗，气味令我兴奋不已。体会苔藓的泥土气息的……最佳时刻，是挖掘土壤的瞬间。"她在湖中游泳，在山坡露宿，因知更鸟踩在裸露的胳膊上或是觅食的鹿群抽动鼻子的声音而惊醒。谢泼德精确记录了霜冻是如何"冻僵下巴的肌肉"（我们通常不会把身体的这个部位与肌肉联系起来，更别提它对温度的敏感性了）的过程；"让手掌穿过杜松或是桦树林……享受水滴缓缓流过手掌的欣喜"的乐趣；以及石楠的花粉从荒原起飞，"有着柔滑触感"的体验。毫无疑问，这本书里有刺激的情色挑逗，仿佛秘密进行的萨米亚特*写作；由于它是在肉体欢愉被广泛怀疑的时代和文化中由一个女人写就，因而愈发令人兴奋。

---

* 萨米亚特（Samizdat），俄语词汇，最早由20世纪50年代一个俄国诗人用来称呼自己打字装订的诗集，后来成为波兰、匈牙利、捷克等东欧国家地下出版物的代称。按照《牛津俄英词典》的定义，萨米亚特专指"非正式出版的手稿复制品"。

谢泼德享受着大腿、小腿、脚底和双手被世界触摸的感觉，整个身体因走路的节奏而变得"柔软"。"赤裸"一词多次出现，比如"赤裸的桦木"、"赤裸的"双手、"赤裸的双腿"。

"这就是我们观看世界的方式：通过自己的身体。"集诗人、佛教徒、护林人于一身的加里·斯奈德这么写过，这句话非常适合作为本书的题词。是的，谢泼德清楚地知道大山对人体来说有多么粗野恶劣，人类有时甚至得付出生命的代价。她写到高原上成百万计的蠓虫一齐在夏天出动、花岗岩上空升腾起滚滚热浪的那种"源源不断的折磨"；对倾盆大雨连续肆虐好几小时之后，大山变成"可怕的地方"而深感痛惜。她还描述了被雪地的强光灼伤到双眼泪流的经历，她感到身体不适，在那之后的好一段时间里晒伤的脸都"紫得跟酒鬼一样"。和许多登山者一样，她也展示出对山里的死亡那种令人毛骨悚然的迷恋。谢泼德提到在低矮云层中撞上本阿布尔德山而坠机身亡的五名捷克飞行员；在她初识凯恩戈姆的那些年里坠亡的五个人；不幸遭遇暴风雪而死的四个"男孩"，其中两人在埃文湖西侧尽头的庇护石下留下一本"兴致高昂、无比欢快"的防水日志簿，冻僵的尸体后来被人们在山坡上发现，他们的膝盖和指节因攀爬巨石而满是擦伤,一定是拼命在暴风雪中挣扎了很久。

对谢泼德来说,置身山野十分危险,但也是一种奖励,会带来无与伦比的感官刺激。不仅如此,它还是对智力的补足。她在山上写道,依靠感官的生活是如此纯粹,"可以说身体也在思考"。这是全书最激进的主张。之所以称其激进,是因为作为一个哲学立场,它极其超前。谢泼德写《活山》的那些年,法国哲学家莫里斯·梅洛—庞蒂正在发展其影响深远的身体—主体理论,这一理论首次出现在他发表于一九四五年的《知觉现象学》。梅洛—庞蒂当时在巴黎出任职业哲学家,享受着这一职位带来的机构支持和职业信心。他被培养成为法国哲学精英之一,与萨特、西蒙娜·德·波伏娃和西蒙娜·薇依一起在巴黎高等师范学院求学,并于一九三〇年在那儿通过了哲学教师资格考试。谢泼德是阿伯丁一所职业专科学校的老师,但她关于色彩—知觉、触觉和体验性认知的哲学论点现在被认为与梅洛—庞蒂有相似之处。

在梅洛—庞蒂看来,后笛卡尔时代的哲学在身体和心灵之间划上了错误的分界线。终其职业生涯,他都主张感官知觉在我们对世界的理解,以及我们对世界的感知中,发挥着基础性作用。他认为知识是"通过感觉获得的",身体在意识之前,已经拥有其独特的思考和理解方式。意识、肉体和现象世界密不可分地交织在一起。肉体使我们的主观意识"具象化",我们因此"嵌入"了世界的肌肤。他将这种嵌入式的经验描述为"手中的知识";我们的身体帮我们"抓住"世界,是"我们拥有世界的普遍媒介"。因此,世界本身不是自然科学所呈现的不变对象,而是无止境的关系之网。它只有在各种视角里才能显现,而我们之所以能看见它,依靠的正是我们的身体及其感官功能。我们与世界同在,反之亦然,但我们永远只能看到它的部分面貌。

在本书中,你将看到谢泼德与梅洛—庞蒂在思想和用词上的相似之处。她写道,在山里的某些时刻,"空间与心灵能够彼此渗透,直到双方的性质皆因此改变。这种运动难以辨别,我只能通过叙述,说给你听。"在另一处,她表示,"此时身体并非微不足道,而是至关重要。"这种表达完全可能出现在《知觉现象学》里。谢泼德认为,"肉身非但没有被消灭,反而得到了实现。人不是无形之物,身体是其必不可少的一部分":

> 双手之间有着无穷乐趣……事物的感觉、纹理、外观,粗糙如球果、树皮的物体,光滑如秸秆、羽

毛以及被水打磨的鹅卵石的东西,蛛丝般的轻度挑逗……青苔的瘙痒感,阳光的温度,冰雹的刺痛,水流翻滚时的一记撞击,还有风的流动:无论是我能够主动触碰的,还是只能任由它们抚摸我的,都会在手上留下和眼中同等重要的印记。

谢泼德对肉体凡躯的信仰为《活山》赋予了当代意义。越来越多的人和自然离得越来越远。我们已经渐渐淡忘,我们的思想正是由实在于这个世界的身体的经历所塑造的,无论是它所经历的空间、纹理、声响、气味和习惯,还是我们继承的基因特征、吸收的意识形态。我们对触觉的把握比此前的任何一个历史时期都少,脱离肉体经验越来越远。早在六十年前谢泼德就发现了这个趋势,她的书既是哀悼,也是一份警告。她在写给古恩的信中果断指出,人应当使用"整个身体去指导精神"。"这是我们早已失去的天真,"她说,"每一次都应将某种知觉运用到极致,直到能够体验到所有方式。"这本书正是对"体验所有方式"的一首赞美诗,涉及对世界的触摸、品尝、嗅探和倾听。如果你能做到这一点,就可以"摆脱肉体限制,走进大山";如此一来,你会短暂地化身"一块石头……一把大地的泥土"。那么,在那一刻,"人走进了大山"。"这就是全部",谢泼德写道,不要带着遗憾地看待这里的"全部",因为它是个不断扩展、内涵广泛的概念。

直到漫长一生的晚年,谢泼德都在不断走"进"凯恩戈姆山脉。然而,在最后几个月的生命里,饱受衰老摧残的她不得不住进班科里附近的疗养院,开始遭受幻觉、"混乱"和"拼写错误迷咒"的困扰。她产生了幻觉,以为整个病房都被搬到了德鲁莫克的树林里:"我能看见那片林子,我像个孩子一样在里面玩耍。"她开始看到"字母大写"的格兰扁山区的地名,像一道发光的弧线,横跨"黑暗而沉默"的卧室。即便是在疾病缠身的状态下,谢泼德依然在努力思考感知的本质,以及如何在语言中将其呈现。她给朋友、苏格兰艺术家芭芭拉·巴尔默写信:"到老我才意识到,时间是一种体验的模式,可是怎样才能传达出这种内向的体察呢?"她阅读真正的文学作品,反思道:"这就好比你正站在那儿体验,突然间,作品就那么出现了,像是成熟后自然掉落的苹果……生命在瞬间迸发,坚韧而丰富,闻起来,哦,实在太美好了!……普通的世界因而变得神奇,开始震颤、发光。"虽说谢泼德从未想过让世人承认自己身为作家的突出天赋,但她的作品的确具备令日常世界"发光"的魔力。

因此,《活山》之"活"源自我们"向外探索"大山的努力。对谢泼德和梅洛—庞蒂来说,物质"浸润在精神之中",世界存在于持续"活跃的情绪……遵从当下的语法,处于现在时态"。某些特定的关注有助于"在非存在(non-being)的浩瀚空间里拓宽存在(being)的领域"。谢泼德当然明白这一切在很大程度上都是错觉,事实上花岗岩不会思考,冰斗也无法察觉我们进入了"它们的"领地,河水在缓解我们的饥渴时既没有快感也不带怨恨。读者不要误以为谢泼德在鼓吹泛灵论的迷信,这也不是懒惰的拟人论(anthropomorphism)("我不会把感觉归因于大山本身")。相反,她为我们提供的是一种严谨的、脱胎于现象学的人文主义视角;令人惊讶的是,比起阅读,她更主要的思想来源来自漫步。

对谢泼德来说,当头脑停止运转、与身体"脱钩"时,身体将达到最佳思考状态。她细腻描绘了"不被大脑信任"的时刻:"它们最常降临在我从户外醒来的时候,我一面出神地望着流水,一面听着它的歌声。"不过,将大脑与身体解绑的最佳方式还是步行:"稳步前行几小时之后，运动的节拍被长时间维持着，直到大脑和其他器官感受到，运动就是一切存在的平稳中心……你会感到肉身在行走时十分通透。""在山里，"她在全书的最后写道，"有那么一瞬，我超越了欲望。这并非跳出自我的宗教极乐状态。我没有摆脱自我，依然是我自己。我存在着。认识到存在本身：这就是大山赐予我的最大恩典。"这是谢泼德对笛卡尔"我思，故我在"的挪用：我走，故我在——步行的节奏韵律，"我在"的抑扬顿挫，双脚一静一动的节拍。

《活山》读得越多，我的收获也就越多。截至目前我可能已经读了十几遍，就像谢泼德每一次进山都会找到新的途径一样，我每一次重读都能发现新的视角；不求穷尽其含义，而是对它赐予的新鲜收获而感到惊喜。新的观看方式由此出现，至少我被展示了如何从不同的角度重新阅读。这本书如同一位守护神，但它守护的不是任何一种体系、程序、精神或者宗教信仰。书中没有庄严的宣言，没有预言，没有能直接照搬的道德规训。阅读《活山》如同攀登凯恩戈姆，两者提供的知识都非直线式的，而是来自意想不到的方向和角落，无穷无尽，待人探索。随着你对它了解的增长，这本书的内涵也会增长。"不管我在山里走过多少次，"谢泼德在描写凯恩戈姆山脉时写道,"这片重峦叠嶂依旧能为我带来冲击……我永远不能说自己对它们已经熟知于心。"同样,不管我读过多少遍《活山》,这本书依然会给我以震撼,我永远不会将其视作寻常。

写于二〇一一年

往返剑桥和凯恩戈姆期间

前言

在山的一生之中,三十年短得不值一提——那不过是眨眼间的事;然而在本书写成后的三十年间,凯恩戈姆山脉的确发生了不少事情,有些还相当引人注目,在媒体和电视屏幕上占据了一席之地:

> 阿维莫尔正在喷发,并将持续喷发。
> 推土机一路狂奔,碾进山间。
> 在本没有路的地方,道路被开拓,随后被重塑。
> 滑雪者动作敏捷,神色欢欣,精准而优雅地完成一个个奇迹式的俯冲和飞跃——有时难免也会一阵挣扎——但心情总是兴奋不已。
> 缆车上上下下(一个小男孩不幸从缆车坠亡)。
> 山的高处有座餐厅,因为有太多人蹬着靴子走来走去,从那里到凯恩戈姆山山顶的路变得肮脏不

堪（太多靴子，太多骚动，但随之而来的也有太多提亮心情的欢乐！）。登山者有了新的栖身之地。凯恩戈姆俱乐部的成员扩建了一座位于因弗雷缪尔的小屋，他们自己铺地板、装床铺，将其安置妥当作为落脚的地方。

格伦莫尔为那些好学的人提供了住所和训练机会，教授其技能并提供测试。年轻的士兵在这里学习探险技巧，定向越野爱好者遍布这片土地（然而，拉瑞克赫鲁隘道至今尚未被征服成为大众之路的一部分）。驯鹿不再只是试探性地出现，而是在此定居。

自然保护协会为飞鸟、走兽、植物提供了安全的遮蔽处所（却阻止游民——厚脸皮的我就是其中之一——靠近它们）。

生态学家研究着生长模式和水土流失的问题，在光秃秃的斜坡上重新播种。

山间救助队开展着了不起的救援工作，用直升机把卡在岩脊里的伤员救出，将精疲力竭的人带回安全的地方。

但也有人未能得救。一个男人和一个女孩偏离了他们的路线，尸体直到数月之后才被发现，女孩的双手和两膝因为在雪堆里爬行而满是擦痕。直到如今，我依旧能想起她还活着时的脸（她曾经是我的学生），那是一张理智、热切而欢快的面孔。她本该活下去的。七十个男人，带着狗和一架直升机，进山搜寻一个未能及时返回的独行滑雪者，最后却只找到了他的尸体。一群学生天色已晚却未找到本该入住的小屋，只好躲在一堵雪墙后面。虽然女老师做出了英雄般的努力，但次日清晨只有她和一个男孩活了下来。

所有这些都和人息息相关。但在他们身后，屹立着大山本身，是山的本质、山的力量、山的结构，以及山的气候。这对于人类对山所做的，以及在山上所做的一切来讲，都不可或缺。假如山不在那里，人根本无法做出这些事情。因此，三十年的时间也许可以让一个人所做的事情发生变化，但了解这件事本身对这个人来说依旧必不可少。这就是三十年前我试图在这篇手稿中所做的事情。那是二战末期和战争刚刚结束后的几年，世界混乱不定，而写作为我提供了一个轻松的秘密天地。当时只有尼尔·古恩读过这篇手稿，由于我们对于上述经历的想法一致，也就不难理解他为什么会喜欢它了。他提供了一些关于出版的建议，但也告诉我在那种时候很难找到出版商。我在他的鼓动下写了封信,在收到委婉的拒信之后把手稿扔进了抽屉,此后它一直默默躺在那里。我已经老了,开始收拾自己的东西,再次读到这篇手稿时我意识到,这篇关于我和一座山的缘分的故事,直到如今依旧和当年一样真实而美好。毫无疑问,这是一份爱的相遇;而充满热情的爱,正是通往理解的那条小径。

娜恩·谢泼德,一九七七年八月

第一章

高地

　　高地上的夏日有时甜美如蜜糖；但有时，它也可能带来一场狂风暴雨。对爱它的人来说，两种模样都好，因为它们都是其本质属性的一部分。我想在这里求解的疑问，正是如何理解它的本质属性。而要想理解，就必须亲历。这可不是一时半会儿就能轻易达成的目标。对我们身处的焦躁时代来说，这个故事的进展实在过于缓慢，也无法为各种急迫的问题带来立竿见影的重要影响。然而它自有其罕见的价值。首先，它矫正了人们狂妄的自我判断：事实上人类从未真正理解过大山，也从未真正理解自己与山的关系。不管我在山里走过多少次，这片重峦叠嶂依旧能为我带来冲击。试图了解大山的道路永无止境，我永远不能说自己对它们已经熟知于心。

　　构成凯恩戈姆山脉的大量花岗岩，从周边矮山的片岩和片麻岩中冲出重围，被冰盖刨薄，然后又被冰霜、冰川和流水的力量劈裂、粉碎、侵蚀。正如地理书里描述的那样,凯恩戈姆跨越了许多平方英里的区域,域内有许多湖泊以及海拔超出四千英尺的山峰,但这也不过是现实的一个单薄影像。就像所有最终对人类有意义的现实一样,它应当是一种心灵中的现实。

高原才是这些山脉的真正顶峰;所有的山必须被视为一体,诸如本麦克杜伊山、布雷里厄赫山和剩下的那些山脉,虽然已被裂谷和斜坡分隔,也不过只是高原表面的涡流罢了。人们很少朝上望向壮观的山巅,而是站在山巅,俯视令人赞叹的峡谷。高原赤裸而多石,本身并不壮观。由于附近比它更高的地方远在挪威(本尼维斯山山顶除外),高原受尽狂风摧残。一年之中,高原有一半的时间被雪覆盖;有时,云雾会将这里笼罩,每次可以持续一个月之久。高原上生长着苔藓、地衣和莎草,到了六月,一簇簇蝇子草静默地开出粉红色的靓丽花朵。鸰鸟和松鸡在此筑巢,岩缝间涌出清洌的山泉。与大陆相比,这片高地的海拔并不出众——不过区区四千英尺左右,但对于岛屿来说,已经足够挺拔了。而且,如果风在这里可以不受阻挡,视线也可以毫无阻碍地投向远方。这里属于岛屿气候,没有大陆来稳定狂风;而且正如光拥有无数层级一样,这里的地形也呈现出多种面貌。

苏格兰的光有着我在别处从未遇到的特质。它闪耀却并不刺眼，毫不费力就能穿透漫长的距离。因此在天朗气清的日子里，可以从凯斯内斯的莫文山不受阻碍地望向拉默缪尔丘陵，跨越本尼维斯山，一路看到莫勒山。在仲夏时分，我甚至不得不说服自己再也看不到比莫勒山更远的地方了。但我发誓，我曾经看到过一个青色的轮廓，它清晰而渺小，比任何地图已有记载的山脉都要遥远。然而图表和我的同伴对此表示反对，而我之后也再没看见过它。在那样的日子里，有关高度的执念会钻进人的脑袋。或许那是遗落的亚特兰蒂斯在一瞬之间的闪现？

沿高原边缘滑落的溪流回清倒影，埃文河的确担得起"清澈"的美名：向河水深处凝视，你会忘记时间的存在，就像故事里那个聆听黑鸟啼鸣的僧人一样。

埃文之水，汝之明澈
虽百岁老者，亦为之沉醉。

河水清澈的程度难以言表。照在裸露的桦树上被大雨洗过的仲春阳光，光泽或许可以与其相比。但这种表述未免过于浮华，河水只是简简单单地清亮着，带着天然的透明澄澈。它们的特质和圆润、静默一样均源于自然，却很难以绝对状态出现；一旦被发现，免不了让人为之惊叹。

年轻的迪河流过嘎纳夫冰斗，与拉瑞克水潭流出的水汇合，其澄明程度同样令人讶异。如此清澈的水流甚至在想象中也很难出现。唯有亲身相遇，才能得以一见。由于记忆也难以复原其光泽，必须一次次地重返观看，才能再现它的美。这就是为何这些高原、溪流、瀑布、河床、冰斗，以及整个充满魅力的自然，就像一件艺术品般，常见常新。大脑无法消化大山所能给予的一切，对能够感知的也常常感到难以置信。

我继续向源头处攀登。这是河流诞生的地方，迪河、埃文河、德里河、本尼河以及德鲁伊河均发源于此。凯恩戈姆山脉高处的雨水、云雾和冰雪汇入这些纯净而骇人的溪流，一路流荡。它们从花岗岩里升腾而起，在毫无庇护的高原上晒晒太阳，然后通过空气降入山谷；或者突破雪的环绕，劈开一条路，在一片喧哗中逃遁；又或者在岩石表面垂悬，成为形状各异的冰块。要想了解河流就必须去其源头，而这探秘源头的旅程不可等闲视之。一个人可以在各种原生力之间穿行，却无法掌控它们。这种和原生力的接触,也唤醒了我自身深处如风雪般深不可测的力量。

以上描述大概暗示出登上凯恩戈姆高处会十分困难,但事实并非如此。在靠近北极的地方,假如天气晴好,在无穷无尽的夏日天光笼罩下,即便只是中等强壮的登山者也可以顺利登上任何一座山峰。更强壮些的登山者则能拿下两三个山头。那些性嗜冒险的登山者甚至可以在十四个小时内把旗帜插满所有六个山峰,这看上去可能很有趣,真做起来却很乏味。虽然对每个登山者来说,与大山的抗争都必不可少,但假如只是为了和其他玩家竞争,就把登山这种本质上非常美好的经历降格成了一种竞赛游戏。不过,对于这些好胜贪玩的男孩来说,这是一个多好的跑马场啊!而他们真正的成就是,对群山和自己身体的了解足以让他们开始这种冒险。

另一件重要的事是掌握攀爬岩石的新路线。组成凯恩戈姆山脉的花岗岩太容易风化,根本算不得攀岩的最佳条件。然而,这一片冰斗的雄伟壮观对登山者是如此巨大的挑战,他们绝不会放弃尝试一番。《指南》和《凯恩戈姆俱乐部杂志》提供了十九世纪末至今的登山记录,附有日期。我怀疑在有此记录之前,肯定已经有年轻人做过尝试。记载显示,一百五十年前在布雷里厄赫山峭壁的岩脊上，人们曾经发现过一名牧羊人和一只牧羊犬被冻僵的尸体。毫无疑问，这名牧羊人肯定是在一场暴风雪中与伙伴失散，困在那里，把他的尸体带下山来的那个人一定费了不少工夫。我想，在那批能吃苦的人里一定有年轻的急性子，对他们来说攀爬峭壁根本不算什么新鲜事。在《阿伯丁一览》中，乔治·斯基恩·基思博士留下了一八一〇年登上迪河大瀑布河床的记录。麦吉利夫雷教授在《布雷马自然史》中记载了一八一九年学生时期的自己从阿伯丁大学走回西边的家的经历：他穿过凯恩戈姆山群，在布雷里厄赫山峭壁的山脚躺下休息，然后于次日清晨径直走出冰斗。麦吉利夫雷后来回到那里研究山里的植被，他似乎像鹿一样轻盈地在悬崖峭壁爬上爬下。还有很多攀爬这些山坳的方法，可能是由某些手脚敏捷、头脑清醒的登山者留下的，毫无疑问正是早期探险家曾使用过的方法。在那以后，登山的迷人之处在于找出不用绳子就无法实现的路线，至今依然有很多峭壁有待探索。一位年轻的朋友最近发现了一条走出布雷里厄赫山的嘎纳夫冰斗的新路，需要跨越此前从未爬过的岩石。他是我认识的最有热情的年轻登山者之一，曾在一个火车终点站被认出，被描述为"一个年轻的黑小伙儿，在他小小的身体里燃烧着奔向远方的渴望"。

对他来说，能否创下纪录这件事根本不重要，他在意的是能有一项让他尽己所能、消耗气力的任务，使他全心投入并得到完全的释放。

当然，要说那些打破纪录的人并不爱山，可就太愚蠢了。不爱山的人才不会去爬山，而爱它的人永远都嫌爬得不够多。这是一种难以餍足的欲望，直教人越陷越深。好比畅饮和激情，它让生命变得热烈，乃至臻于荣耀。用苏格兰人的话来讲，在不爬山的人眼中，登山者就像沉迷饮酒的人一样飘忽、"异常狂乱"，略显疯癫。

用"异常狂乱"来形容登山时释放身体所带来的快乐也许过于夸张，但在清醒的旁观者看来，一个看似在危险地段平稳行走的人身上的那种欢快肆意，可能正是被死亡笼罩的标记。这种欢快肆意的安全感，到底有多少出于训练充足和身心协调，只有登山者自己知道。而无论是令人愉悦的安全还是极其偶然的死亡，都不必归因于任何神灵，因为死亡很可能是登山者自己粗心大意的结果：要么是因为兴奋而忽视了石头上的冰层，要么是因为把信任交给了好运而非指南针，要么仅仅是因为在身体整体健康的情况下高估了自己的耐力。

但我必须承认，我也知道一项与这种"异常狂乱"相关的现象。躺在床上时，我常常想起自己曾轻轻松松走过的地方，彼时毫无恐惧，想起来却一阵后怕。我下定决心再也不会回到那些地方，恐惧攥住了我，使我变得怯懦。然而一旦真正走了回去，我又会被同一种激情裹挟。管他有没有上帝，反正我又变得"异常狂乱"了！

在我看来，这种"异常狂乱"有其生理学上的起源。经历过它的人有着独特的身体构造，能在高处呈现出最自由、最活跃的状态（当然，这只限于人类能够掌控的范围以内，并且不适用于那些需要缓慢且痛苦的适应期的人们）。越往上走，空气越稀薄，人也越兴奋，身体变得更加轻盈，攀登也不再那么费力，直到但丁在炼狱山所说的上升规律变为现实："这座山是这样的，起初的攀爬十分辛劳，但越往上越轻松。"

起初，我以为身体的轻盈感是面对日益稀薄的空气时一种普遍的反应。后来我惊讶地发现，有些人竟然会在我感到畅快的海拔高度出现不适，却在让我压抑的低矮山谷中感到惬意。那时我才开始意识到，我们对事物的热情与自身生理特性的相关程度，要远远大于我们承认的程度。我爱山，那是因为我的身体在高山的稀薄空气里表现最好，这种轻快的感受被传递到大脑，让我感到神清气爽。而在阿登高地的地下洞穴世界步行了大约两英里之后，我会感到极度疲乏，这大概可以作为反面例证。显然不是因为心灵的疲惫被传染给了身体，因为我当时已经完全被那些地下洞穴的新奇与美丽迷住了。除此之外，日常用来丈量距离的眼睛，以及我在山巅看到浩瀚天地的喜悦，也成为一种完美的生理调节。近视的人对山的热爱绝对不及那些远视眼。持续长途跋涉的运动节奏也能让身体轻快，而这种健康的感觉无法通过任何需要借助机械爬升的方式获得。

身体在稀薄空气里所体验的轻盈灵动，以及空间洞开赋予的开阔感受，为易受这一"病症"影响的人带来了癫狂超脱的快感。这是一种颠覆意志、取代判断的病症，而所有患者都绝对不会请求被治愈。因为生理学上的废话根本无法完全解释这份体验。什么？难道我倒成了身体的奴隶，除非肉体轻松畅快，就无法感到自由？不，完美的生理调节远远无法解释登顶对于人类的诱惑。大山中藏有无数秘密，在我和它之间暗自涌动。空间与心灵能够彼此渗透，直到双方的性质皆因此改变。这种运动难以辨别，我只能通过叙述，说给你听。

第二章

大山深处

起初,高度的味道总是让我直奔山顶,而不是花时间探索大山深处。后来,在某个九月末的一天,我和一个当时比我更懂布雷里厄赫山的人去爬山,他把我带到了冰斗小湖。对初次看到这一罕见湖泊的人来说,简直找不到比那天更合适的日子了。二分点风暴*一直都很强劲,而几乎总在九月第三周覆盖高原的大雪也早已厚厚落下;此时风暴已过,空气凛冽怡人,透出冰一般的光泽。湖水触指冰凉。四下一片寂静,空气中弥漫着不可思议的安谧。不管你多么频繁地重返冰斗小湖,它依旧让你感到难以置信。除非已经几乎站到了湖边,否则根本看不到它;而究竟能不能看到,还取决于你所处的海拔高度。与埃文湖和艾切肯湖不同的是,它并没有被大

---

* 二分点风暴(equinoctial storm),指春分或秋分前后出现的暴风雨。

山紧紧环抱，而是流淌在山的外侧。从斯佩河望向凯恩戈姆山脉，其河谷每天都在变换形状。然而，对不知情的人来说，根本没法猜到这里还有一片湖泊，更别提它的大小了。两条瀑布好似串联山脉的白线：一条沿石块从高地边缘滑落，带来源源不断的水流；另一条则将湖水导向远方。我曾经爬上第二条瀑布的河床，期待能接近冰斗，事实证明我离那里还有挺长的一段距离（我后来才知道自己走的并非最短路线，但谁让我的同伴是个会停下脚步，和每一片叶子、每一条根茎打交道的狂热博物学者呢！）。于是我继续艰难跋涉，往大山深处走去。一路都是散乱的黑色岩石，有些和房子那么大，有些像锉刀一般棱角分明，走起来实在不太容易。终于，在紧贴着峭壁的地方，湖泊出现了！一转身，我突然发现，透过九月清冽的空气竟能直接看到远处的山脉。真是令人惊讶。如此开阔，却又如此隐秘！它的寂寂无闻——冰斗里的湖泊，仅此而已——似乎是为了守护这份秘密。埃文、阿维莫尔以及其他河流都有其独特的名字，人们期待在这些名字背后发现暗藏着的某种特质。但，冰斗里的湖泊？这样的名字背后能有什么神秘可言呢？肯定只是个再普通不过的山中小湖吧！然而，就在你毫无期待的情况下，突然遇见了无比可爱的它！

我让河水漫过手指，感受它的丝丝凉意；我侧耳倾听瀑布奔涌，直到再也听不到声音。我任凭双眼带领自己缓缓走过一个又一个河岸，惊讶地发现河水之宽超乎想象。怎么可能预见到有一座如此大的湖泊，在高达三千多英尺的地方悄无声息地汇入了这座冰斗呢？毕竟，大山本身不过是高原上的一个断片，而这座冰湖也不过只是断片面上的三个冰斗之一。再次放眼望去，越过河流表面，慢慢地，跨过河岸，从双脚开始，直到峭壁结束。无法想象竟然还能这样品味河面的宽阔。

这种由观看静止事物时转动眼球带来的焦点变化，强化了人对外在现实的感知。如此一来，从静止的事物里也能发现变化与发展。只需一个简单的动作，比如改变脑袋的位置，一个全新的世界兴许就会出现。低下头，最好从你看的方向扭过脑袋，然后蜷曲双腿、弯下身子，直到你眼中的世界天地颠倒。一切变得如此新奇！从最近的石楠嫩芽到最远的土地，所有的一切都兀自挺立。在这之前，我从未靠肉眼发现过地球是圆的。我望着它，它拱起后背，层层景观便耸立起来，虽说用"耸立"来形容它有些夸张。细节不再是以我为焦点的某幅图景中的一部分，此刻，处处皆为焦点。万物不再以我为归处，也不再与旁观者相关。这大概就是大地看待自己的方式。

我缓缓地望过冰斗小湖，开始领悟到，在匆忙翻越中是无法真正理解这些山脉的。观看了很久之后，我才意识到自己此前从未真正看见过它们。对埃文湖也是如此。我和它的第一次接触并不顺畅，这在我内心深处留下了埃文湖不可亲近的印象。在前往埃文湖所在的山谷之前，我已登上过这个地区所有的六座主峰，有些甚至去过两次。埃文湖流淌在海拔约两千三百英尺的高度，但它的河岸向上又跨越了一千五百英尺。考虑到凯恩戈姆山和本麦克杜伊也可算作它的河岸，其所跨高度就变得更高了。从岩石间这道宽约一点五英里的洼地下端很容易找到出口，但出路相当漫长。沿埃文湖往下，若是走去因楚若瑞大约有十公里，一路荒凉寂寞、无人问津；或者，你也可以顺着分水岭走到斯特拉斯内西或是德里峡谷；又或者从"拜奈克谷仓"* 下面走到凯普利奇溪。然而从湖的上方是没法出去的，除非沿着从高处跌落的某条溪流向上攀爬；除此之外，庇护石上面有一条山间裂缝通往艾切肯湖，从那儿向上，路程会短些。

这条裂缝的里端已经深深切入花岗岩。从下往上看，水流小得似乎只凭一双手就能改变它的流向。然而，在

---

* The Barns of Bynack，凯恩戈姆内的一座山，呈圆锥状，形似谷仓。

峭壁之上的一条小溪里，我们发现了深得可供沐浴的池子。汇入这些森严壁垒的水流极速下落，没有掺杂一丁点儿沉积物，似乎确实起到了净化水质、注入氧气的作用，因此下方的湖水才会净如明镜。我猜这条狭窄的小湖应该从未被外人探索过。我大概知道它的深度，虽说并不清楚具体有几英尺。

我们的首次相遇发生在七月初。那一天万里无云，我们在黎明出发，九点左右越过凯恩戈姆山，顺着萨德尔山一路走到湖的下游。我们在那儿稍事休息，面对着一片荒凉的洼地。当正午的阳光直直射入水中，我们索性脱了衣服，走进湖里。清澈的湖水渐渐没过我们的膝盖，没过大腿。只有真正走进去才能发现湖水有多么透亮。通过它向外看，我更好地了解了它自身的特质。在水下看到的世界远比通过空气看到的更加清晰。我们继续在明亮的水中行走，水面变得开阔起来；只要漂在水面或是踏入水面，总会有这种感受。因此，湖看上去不再狭窄，我们距另一端似乎还很远很远。我向下望去，一道水沟出现在双脚之间，它是如此明亮，以至于我的心跳几乎停了一拍。我们站在一块深入湖中好几码的陆架边缘，它随后陡然而下直至深谷，那儿才是真正的底部。透过那无比清澈的湖水，我们一直窥见了谷底深处。

明亮至此，每一块石头都清晰可见。

我走向在身后一步的同伴，叫她过来往下看了一眼我刚看到的水下悬崖。我们对望了一眼，又再一次看向谷底。缓缓地，我蹚回浅水区。那一瞬间，似乎再没什么值得去说了。我的灵魂已经和我的肉体一般赤裸，那是我一生中最毫无防备的时刻之一。

让我感到震撼的并不是身体迫在眉睫的危险。无论是当时还是后来回想起来，我都没有任何险些丢命的感觉。当然，在那种情况下确实可能会失去平衡、溺水而亡，但我觉得自己不至于鲁莽到失足跌落的程度。人在艰难前行时，双眼和双脚会锻炼出完美的协调能力，即使抬头仰望天地也能清晰地知道下一步该往哪儿走。不过在这种情况下，只能随便四处看看，假如真要细致观察，还是得停下脚步。通常来讲，在颠簸但并不难爬的地段，登山者可以同时看见自己所处的位置和要去的地方。在六月某个炎热的一天，我在科伊赫峡谷向自己证明了这一点。那时，我从一个长满石楠的斜坡跳进小溪。我的双眼发现了一条蜷成一团的蝰蛇，它会随下一波水流落在我脚下，我的双脚则巧妙避开了这一危险，而这一切几乎是同步完成的；与此同时，我还成功避开了在我这一侧水流里伸展开的另一条蝰蛇。又走了一小段距离之后,我停下脚步,带着几分愉快的惊讶琢磨起自己双脚的速度和笃定。这一系列的动作可没有受到清醒思考的太大影响。

因此,虽然人们讲起埃文河时会提到,有些人会因湖水太过清澈而误判了它的深度,不幸溺毙,我本人倒并未察觉到太大的危险,望向池水时也没有觉得恐惧。第一次向下看时感受到的震惊如此强烈,我自身的能量都被强化了,以至于恐惧都变得让人感到兴奋。这倒并不是说它不再是恐惧了,而是说如此普遍存在、如此强烈感受到的情绪并没有束缚住灵魂;恰恰相反,它释放了灵魂,使它变得更加宽广。

湖难以接近,而这正是它的力量来源之一。寂静,乃其题中之意。假如吉普开了进来,或者因搭建缆车而毁了它的原貌,它原初的意义也就丢了几分。在这儿,对绝大多数人是否有利并不重要。某些时候,独立排外反倒是必须的,并非为了权贵之士,而是为了那些能够理解孤独的人。

假如伴你同行的是不错的登山伙伴,那么他的存在并不会打破这份静寂,反倒会将它强化。这类同伴和你一样,在登山时早已把个人融入了大山。如此一来,话语也不过只是山间日常,不会打破它的安宁。但假如你们没话找话，寂静就被毁掉了，多说一句也可能是多余之举。一位瘦削的老人告诉了我这些道理。他曾是个"个子瘦高的小伙子"，虽说后来成了公务员，却因生活在山区农场而颧骨突出，双颊深陷。他告诉我说，如果是和一群喋喋不休的人一起进山，他"可能会把他们引到不好的地方去"。我曾经和很棒的年轻人一起爬过山，他们一路上会不停地说些风趣的话，但这却让我感到疲乏、沮丧，因为山本是沉默不语的。当然，这并不意味着只有与山相关的谈话才是好的。通过与山的接触，各式各样的主题都可能被提起。由于他们是在和另一种思想沟通，讨论可能会因此变得非常有趣。话虽如此，侧耳聆听依旧好过口若悬河。

我发现，边爬山边说话的人期待的是大山给予的感官刺激，倒不是济慈所说的那种感受。这对新手来说并不罕见，我自己也经历过这个阶段。他们想要令人惊叹的景观、摄人心魄的峰顶——这就好像只想啜饮啤酒和茶，却对牛奶置若罔闻。然而，大山常常在我毫无目的地漫游时，向我袒露出最完整的模样。心中没有必须到达的目的地，所到之处也算不上特别，我不过是单纯想要和山待在一起；就像去拜访一位朋友，除了与他做伴，再无其他意图。

第三章

群山

我爬的第一座山是本麦克杜伊——当然咯,毕竟它是最高的那个。我选择了途经艾切肯山谷的经典路线,那天产生的两个想法直到如今还影响着我。第一个是,一座山自有其内里。我打小就喜欢在迪赛德山岭和莫纳利亚山脉跑来跑去,对山再熟悉不过了。这些位于凯恩戈姆山脉另一侧的高峻山峦围着斯佩河,是孩子们的完美游乐场。对我来说,爬山总是以登高远望、发现世界顿开而收尾,那是整个旅途最闪耀的时刻。但假如向上跋涉,在坡度变缓、山顶仿佛近在眼前时眼前并未一片开阔,而是呈现出山的内部面貌,就像我在爬艾切肯时所经历的那样,实在是让人震惊。何况是那么出人意料的模样!地上布满大圆石块,湖水泛起静默的光芒,黑色悬垂物挂在峭壁上,水滴落入埃文河,凯恩戈姆山如屏障一般高高耸起;除我们进山的那一面之外,放眼望去，处处都是直入云霄的山墙。

多年以后，我在拜奈克谷仓遇到过类似的感觉。一块体形庞大的黑色巨石躺卧在本拜奈克山边，像是一幢安妮女王风格*的大厦。沿石头里的"阶梯"向上，你可以从一个大如窗户的裂口向外观望。

爬本麦克杜伊山那天留下的第二个念头和云雾内部的模样有关。在从艾切肯湖上几码远的地方到峰顶的路上，我们得穿越一团厚厚的云，领队只要向前走出一只胳膊的距离就会马上消失不见。我和他妻子只能听到他的口哨声，顺着他的声音向前摸索。偶尔我们走得太慢了（要知道他可是个没耐心的家伙），他又会从一片朦胧中突然现身和我们说话。这个幻影般的领队在云里进进出出，我们只好在看上去无边无际的茫茫云雾里孤独前行。一切似乎与往常无异。忽然，"幽灵向导"牢牢抓住了我们的胳膊："看！下面就是艾切肯湖。"可是我们什么都没有看到，白色的雾气反而更浓了。站在那儿朝一团白色的漩涡张望实在太可怕，我们决定继续往前。不

---

* 安妮女王（Queen Anne）风格，指一种在英国安妮女王在位时期（1702—1714）前后流行起来的巴洛克建筑风格，以非对称平立面、形式多样的屋顶、大量细部墙体和单层门廊为特点，在19世纪复兴后开始在全球范围内流行。

一会儿，身边出现了一片更让人恐惧的深白，一路蔓延，吞没了我们脚下灰褐色的土地，那可是此前带给我们安全感的大地啊！我们来到了雪的世界，这里的白色冰冷而了无生气。

　　那片云和我之前曾行走其中的云并无二致，虽然潮湿，却不会打湿行人。直到我们快到山顶时，它才化作暴雨一泻而下。至此，我们才终于看到了薄雾笼罩下的冰斗。有些云对登山者非常残忍，它们会从低处飘上来化为雨滴或者冰雹；还有些云虽然温柔地黏着旅人，但一路如此，就会让人觉得好像在湖里蹚水一般。有时候，这种湿漉漉的感觉更加微妙，云雾会凝结成水珠，挂在人的睫毛、发丝和毛料衣服上，像是在室外度过一宿后破晓时分的露珠。又或者，云可能不过只是你皮肤上的一种感觉，湿冷，或者仅仅只是寒冷。我曾经走进一团让我毫无感觉的云，它在向我靠近时看上去厚重逼人，一旦进去之后从里向外看，它却既无形状又难以触摸。当时我们正处于斯戈杜乌山和斯戈谷乌山之间的侧面，天朗气清，没有一丝云彩；突然，三千英尺的高度上出现了一团形状规整的云，开始稳步向我们逼近。我们想着："来吧，我们准备好了！"可是什么都没发生，只不过阳光消失了，就好像有人按下了什么按钮一样。

二十多分钟以后，阳光再次出现，我们看到那团云的下摆飘过了埃尼亚赫山谷，云团内部一片干燥昏暗。

漫步于云端的感觉棒极了。有那么一两次，我很幸运地站在了高处，俯视着脚下泛起珍珠般色泽的平原沿地平线伸展。远处，另一座山好似小岛，从云笼雾绕中露出头来。此情此景，仿佛回到了上帝创世的那个清晨。有一次，我们在洛赫纳加山看到了晨光洒向凯恩戈姆山脉的画面，满山好像开遍了李树的蓝色花朵。每一个陡坡、每一处沟壑都透出半透明的颜色，所有微小的细节都清晰可见。纯净明澈的阳光涌入了每一个角落。然而当我们向南望去，不禁屏住了呼吸。整个世界都隐去了踪迹。除了一望无际的雪堆，那里一无所有。或许，那其实是海？它发出微弱的白光，像海水拍打岩石一般冲刷着高高的山岭，然后又像大多数海一样在某座山前停下脚步。利文峡谷、本劳尔斯山和希哈利恩山立于云海以外，就像西边那座长长的双峰岛屿中的一个。薄雾之海侵入大陆腹地，又被炎热的日头吸走了水汽。

如果你从其他山，比如洛赫纳加山或者利文峡谷，望向凯恩戈姆山脉，就能更清晰地意识到它们是一个整体。从外向里看，它们傲人的高度、辽阔的领域和方正的形状会显示得一清二楚。群山参差不齐，显出类似金字塔的层次。毫无疑问的是，只有站在相同，至少是相近海拔高度的山上，才能真正欣赏到它们的挺拔。然而，这并不仅仅是相对高度的问题。在凯恩戈姆的海拔、比例和方位里，有些东西只有在与它体格相似的地方才能看到。特别奇怪的是，从低处看，凯恩戈姆并没有那么雄伟壮丽。从莫纳利亚山脉的白石堆观望凯恩戈姆群山就是最好的明证。虽然白石堆的海拔连三千英尺都不到，却笔直伫立着，与凯恩戈姆隔着斯佩河谷遥遥相望。沿着它前面的陡坡一路向下，你会看到对面高峻的全景逐渐消失。我被这种"把戏"深深迷住了。每次刚一下山，我就立马想要爬上去好好再看一遍。只需一幅简单的图表就能解释这个"把戏"，但没有任何一张图能解释清楚它为人类灵魂带来的那种庄严感。就算只是为了能在海拔相当的山上遥望高山，那些索然无味的山岭也值得探访。

从低处的迪赛德山丘向凯恩戈姆山脉遥望，看得最清楚的就是它的高地，因为视力所及只有本埃文和本阿布尔德长长的高原。顺着迪河河谷看，凯恩图尔山就会凸显出来。假如是从洛赫纳加山观看，凯恩戈姆的整个外观就更清楚了，光游走于石块、岩缝和岩壁之间，雕刻出它的轮廓。清晨是最佳观赏时间，那时所有的峭壁都沉浸在玫瑰般的红色光晕里。在一个小时的时间内，岩壁一个接一个被染上玫红色，随后慢慢淡去。不过，在某些空气条件下，光芒持续的时间会更久一些。在某个艳阳高照的夏日，我曾经看到整个高原泛起炽热的紫色光芒，直到正午方才消逝。落日也会点亮冰斗，但这就只有在山的另一边才能看到了。从洛赫纳加山这一侧看过去，夏日的夕阳会落在凯恩戈姆背面，而冬季的落日则会斜斜地洒在山上。除非来到这儿或是高原上比这里略高的地方，否则没法一窥山中最神秘的地方之一：布雷里厄赫山中巨大的嘎纳夫冰斗内的隐秘地带。

从西边安格斯边界上的格拉斯莫尔山眺望，凯恩戈姆山脉似乎是从周边的峰峦里慢慢露出了头，其轮廓和四邻完美地融为一体。虽然成因不同，但两者都受制于冰河时代的打磨，而这里正是观察这一风貌形成过程的最佳地点。从爱伊峡谷尽头的本樱兰山可以径直望向拉瑞克隘道，一条裂口在此将高原一分为二。在爱伊山谷的谷口看到的却是另一番风景：在距其山溪与迪河交汇地一公里左右的山坡上，你会惊讶地发现，熟悉的山脉竟换上了一副全新的景色。在这里，你会意识到凯恩戈姆是片纵横连贯的山脉，而不是支离破碎的高原，因为这些山峰紧紧相连，气势如虹。当布雷里厄赫山那宽广、平坦的山顶从终日不散的迷雾中显露出来时,这一效果最为明显。本麦克杜伊山如巨人一般直入云端,两侧是凯恩图尔山的峰锥,在邻近的恶魔谷和德里凯恩戈姆的映衬下显得更加雄伟。这些山峰仿佛高悬于视野上方,创造出崭新的宏伟感受。假如进一步向西南或是向西走,能看到的只有一片浑圆的巨石,奇形怪状地匍匐在地,除去体积庞大,毫无气势可言。这就是山的背部,长得像是某个怪物的后脑勺;真正动人心魄的,是山张开的下颌、锋利的牙齿以及可怖的獠牙,而它们都在山的另一面上。

从东北方向,即在阿伯内西陡坡上看到的,恰好是这无趣山背的另一面:大山拉开下巴,露出獠牙,轮廓醒目,线条飞舞。这就是凯恩戈姆山,虽说海拔排名不过第四,整个山脉却据其命名。起伏的峭壁勾勒出埃文河的形状。尤沃勒悬崖*——鹰之悬崖,盘踞于此。凯恩戈姆山坐拥充沛的湖水补给,除埃文湖之外还有小巧可爱的巫阿伊涅湖,水流泛着老旧铜板屋顶常见的绿色微光;以及莫利赫湖,与斯佩塞德表面上的三大冰斗完美映照。悬崖边缘位于光滑水面上方三千英尺的地方,

---

* 尤沃勒悬崖(Stac Iolaire),在苏格兰盖尔语中意为"鹰之悬崖"。

湖水宽广而漫长,足以撑起整个摄人心魄的陡崖、冰斗、山脊和山麓丘陵,以及那些像要冲出高原的尖端。风平浪静的日子里,它如梦一般可爱。

整个西北方向,包括三个位于凯恩戈姆山和三个位于布雷里厄赫山的冰斗,从荒野之中陡然升起。因此,行走在高原边缘时,你会有种被猛然拔高的感觉,如同来到了凌驾于世界之巅的巨板上。

第四章

水

我又到了高原上,像只转着圈儿的狗一样围着它走来走去,想弄清楚这是不是个好地方。一切正合我意,我要在这儿待上一会儿。破晓时启程,走到这里还是清晨。仲夏的太阳吸收着地表的水分,有一阵子我是在云雾里穿行。随着最后一滴水消散在空气里,整片天空只剩下了光。凭空远眺,可以看到世界尽头、云之彼端。

我静默地站在那里,慢慢意识到这种静默并不完整。水,还在发声。循着水声走去,几乎在一瞬间,熟悉的风景从眼前消失。高原自有其空谷,而这个山谷沿着最大的山内裂缝之一嘎纳夫冰斗铺展开来。如同一片宽阔的叶子,水道纵横其中,在悬崖边缘汇合,化作瀑布一路倾泻五百英尺——这,就是迪河。令人惊叹的是,即便是在四千英尺的高地,迪河的水量已经相当可观。它流经的这片开阔山谷光秃秃的,表面被石头、沙砾覆盖，偶尔有些沙子，某些地方还生长着苔藓和野草。苔藓丛中散落着白石，被人堆在一起。踩在石头上，你可以感受到强大充沛、纯净沁凉的水流在脚边涌起，汇成小溪，沿岩石下落，此处被称作"迪河之泉"。这就是河流。作为四大自然奥秘之一，水这种强大的白色物质在这里显露出原初的模样。就像所有的奥秘一样，它竟如此简单，这让我不禁感到害怕。在不计其数的日子里，它从石缝中涌出，随后缓缓流走。除此之外，完全什么都不做，唯是其所是而已。

然而，最终汇入迪河的凯恩戈姆山脉整个东南侧的支流，并非来自中央高原的任何一半，而是两部分的总和。将凯恩图尔山—布雷里厄赫山与凯恩戈姆山—本麦克杜伊山一分为二的，是拉瑞克赫鲁隧道。它十分狭窄，因此当薄雾在悬崖升升落落的时候，很难辨别眼前的石墙究竟属于脚下所踩的这一半还是裂缝旁边的另一半。在本麦克杜伊这一侧的高处，虽说水源要比布雷里厄赫山那儿低三百英尺，但仅一步之遥就有两条水流。其中一条自西向东，沿崖壁落入埃文河，转而向北流进斯佩河。另一条起初向西流淌，在玛奇溪坠入拉瑞克赫鲁山谷。最终，水向南方和东方流去，与嘎纳夫冰斗淌出的水流交汇，成为迪河。当迪河流进拉瑞克狭窄的峡谷时，它的旅途似乎于此终结。水流消失了。往下一点儿有一个小池子，在更远的地方还有两个更大的水池，清澈而深邃。肉眼可见之处看不到任何水源补给，没有溪流汇入，也没有溪水流出；但间或闪烁的光芒显示出它们仍是活水。这就是"迪河之池"。玛奇溪滋养着它们，而最低的水池不远处那条"年轻"的迪河显然就是它们的出口。除了去看这些水池，我想不出其他更好的理由让人在压抑的拉瑞克赫鲁隘道里艰难跋涉了。

拉瑞克赫鲁山谷的绝大部分都看不见水道。在分水岭朝向斯佩河的那边，有一片看上去相当干燥的卵石堆。溪流突然出现在谷底是件让人惊讶的罕见事儿，更别说立马就会再次消失。最后，随着洼地较陡的一侧变宽，肆虐了几个世纪的风暴不再把破碎的巨石扔在河床上，清澈的溪水终于一泻千里，奔向开阔地。

被散落的巨石覆盖的不止这一个狭窄山谷的水道。有一次，我坐在山岭外侧的石堆里，耳边响起两种低沉的声音，却找不到声源在哪儿。我只知道一个来自松鸡，另一个来自流水。过了好久，我看到有只松鸡从一堆灰色的石头里站起来，动了动白色的翅膀，它身上的颜色简直和旁边的石头一模一样。不过我一直没有找到水在哪里。还有一次，我听到一阵汩汩的流水声，在我本以为只有石头的地方下面，竟然可以看到水在闪烁。

整个凯恩戈姆地区的水都很清澈。它们从花岗岩的岩缝里流出，没有经过泥炭的沾染，不会变暗成为琥珀色，这和高地里的溪流常被赞誉的"马背棕"完全不同。假如河水真有颜色的话，那也是绿色，很像靠近科伊赫那边的瀑布。这种绿类似于冬季天空的颜色，但绿得更加通透，清澈得如同碧绿的宝石，少了些冰川水那样生动的光泽。有时科伊赫瀑布的绿色水流会掺杂些许紫色，溪水坠落时会喷溅出紫色的泡沫。这些瀑布下面的水池清且深。我经常朝水面投掷一些小小的白色石头，饶有兴趣地看着它们慢慢沉入水底。

还有一些湖也是绿色的，其中四个只听名字就能知道，它们被统称为"巫阿伊涅湖"*。这都是些小湖，大多都位于冰斗高处，只有海拔最低、最具装饰性的罗伊万湖除外；或许，应该说它像被刻意装饰过的。和其他湖泊不同的是，它处在树木生长的海拔，被一圈可爱的松树林围绕，其中一棵树上还有鹰筑的巢穴。透过明澈的水流，沉在湖底、年代久远的树干清晰可见。湖水随光线强弱呈现出不同的绿色，一会儿是碧绿，一会儿是

---

* 巫阿伊涅湖（Loch an Uaine）在苏格兰盖尔语中意为"碧绿的湖"。

铜绿，但不管怎样一直都是纯粹的绿色，泛着金属而非植被的光泽。最美的那座湖在布雷里厄赫山和凯恩图尔山间蜿蜒曲折的悬崖上倾斜的裸石板和一个峭壁之间流淌，它线条鲜明，绚丽得无可挑剔。另两座湖位于本麦克杜伊山和德里凯恩戈姆，既不像第一座那般风景如画，也没有第二座这么小巧精美。群山之间，斯佩河流域有着最美的湖泊，而迪河则坐拥最可爱的山溪。溪水陡然下落，流入瀑布下方深不见底、水波不兴的池塘。

有这么两片湖，假如只听名字，你会以为它们是黑色的，一个是本阿布尔德的杜乌湖*，一个是位于分割高原的第二道裂缝"小拉瑞克"的杜乌湖。它们本身可不是黑色的，只不过所处的位置被岩石遮蔽，湖水显得比较黑而已。只要想想看清澈的科伊赫和埃文河就可以证明这点，毕竟前者是从其中一条湖泊流出，后者则吸纳了另一条的水流。等到冬天湖面结冰，冰块里也会闪烁起绿色的光芒。到了四月份，发着光的冰面下会出现一道道暗色线条，泉水在底下痛快奔涌。夏天，我曾站在杜乌湖上方本阿布尔德山高耸的拱壁，看见阳光直直地射入湖中，照在水里的石头上。

---

* 杜乌湖（Dubh Loch）在苏格兰盖尔语中意为"黑色的湖"。

从花岗岩渗出的水很凉。在这样的水源处喝水，嗓子会被刺痛。伸出手摸摸这水，你会感到生命也随之微微一颤。尽管如此，在仲夏时节的某些日子里，湖水会变得温暖，即便是高原上的溪流，也大可放心把身子浸入水中。有些年份就不一样了，同一批溪流会在同样的日子里从布满冰雪的山洞涌出，雪桥不仅会出现在高处的迪河，还会覆盖位于低处冰斗的艾切肯。德鲁伊的水势汹涌，别想在其中跋涉却不打湿鞋子。除了寒冷你根本体会不到其他任何感受，甚至连水流带给双腿的压力都难以感知。

就像花离不开花粉一样，潺潺流水声也是大山不可或缺的一部分。不必驻足聆听，它自然会飘进你的耳朵里，这和我们不必思考就在呼吸是一个道理。不过，对那些愿意侧耳倾听的人来说，水声会分解成各种各样的音符：湖水缓缓拍动的声音，溪水高昂而清脆的颤音，还有洪水的咆哮。短短一段溪流里，你可能一下子听到十几种不同的音符。

当积雪融化、云落为雨，或是大雨连续倾泻好几天之后，溪水便一股脑奔涌而下。狭窄的河道无法控制这么大的水量，只好任其冲下山坡，在土里刻下凹槽，推着巨石滚动，一路奔突冲撞着抹去原来的道路，堵住洞口,覆窟倾巢,甚至将树木连根拔起。当它最终抵达水平地面时,已经变成势不可挡的大海。上一遭山洪过后修复好的道路再次被冲得七零八落,而桥梁也早已不知所终。我甚至忘了面前曾经有一座桥——一块横架在水沟上的木板。虽然木板没挪位置,但在它上面多出了一条二十英尺宽、翻滚咆哮着的河流。我试图蹚过去,可几乎在一瞬间水已没过了膝盖,差点儿漫到我的大腿。水波不断冲击着我的身体,为了站稳,我不得不全身绷紧。我小心翼翼地向前挪了一步,连脚底都没离开地面。我遵循一位资深猎场看守员的建议,拖着双腿在水里缓缓前行,可还没走完一半路程我就害怕了。我收回脚,撤了。好在还有一条路也能走过去。

但不是每次都能找到另一条路。在这种情况下我只能立在那儿,任凭强大的水流冲撞我的大腿。在那一瞬间,我终于明白了在还没有几座桥和几条像样的道路之前,为什么会有那么多的苏格兰溪流落得了险恶的声名。埃文河和老歌谣里的提尔河一样,因溺水事件而臭名远扬。即便只是在我的有生之年中,斯佩河和迪河也已经夺走了许多生命。

这是因为,水最骇人之处便是它的力量。我爱它或明亮或微弱的光芒,爱它的韵律,爱它的柔软与优雅,也爱它轻轻拍在身上的触感；然而，我畏惧它的力量。这种恐惧，和祖辈们在面对他们敬畏的自然力量时的那种恐惧一脉相承。万物奥秘，皆隐于运动之中。水从土洞滑溜出来，就像一条从远古而来的蛇。我在山顶看过水流诞生的样子，它十分笃定地奔涌而出，而我看得越多就越困惑。人类把一切都说得太简单了，学校里的每个孩子都明白"水源自大山，然后一路流淌直到找到归处，人类离开水无法生存"。但我并没有真正理解它，我从未琢磨清楚水的力量。还是个孩子的时候，我喜欢用整只手掌包住水龙头，用尽全身力气把它按紧，直到水压将我击败，把我刚洗的连衣裙溅得到处是水。有时我会有一种疯狂的冲动，想要用手指堵住山泉的泉眼。嘻！多么荒唐而又徒劳的姿态！水对我来说实在过于强大。我只知道，人不能没有水。人类可以看到它、听到它，也可以触碰和品尝；但是，如果想保持健康，不能妄图近身去嗅。

第五章

霜与雪

　　流水凝结成冰的过程是山里的另一个谜。我在奔涌的溪流里感受过这种白色物质的强大力量,它毫不费力就淌过了岩壁,却在此刻受到遏制和惩罚。不过霜与流水的斗争并未迅速结束。这场角力在水的灵动和霜的静止之间几经变动,奇异而美丽的形态由此诞生。我花了一整个仲冬日从一条溪走到另一条溪,直到那时我才发现流水在结冰时可以呈现多少不可思议的造型。在每一个漩涡、每一次奔突中,你都能窥见这两种自然力量的拉扯与平衡。

　　我第一次真正注意到这种成形的过程是在斯卢根山谷,那是一月份的某一天。布雷马村前一晚的气温降到了零下十八摄氏度。那天下午我们爬上莫罗内山赶上了一场日落,随后一轮圆月缓缓升起,除了几堆看上去一片黢黑的柴火,整个世界几乎全是白色(第二天,远在科伊赫峡谷里的古老冷杉看上去也是死寂的黑色，没用一丁点儿绿意）。我们在莫罗内山的坡上凝望，厚重的霜、无云的天穹、白色的世界、落日以及初升的月亮，都融化成棱镜折射出的色彩：天蓝、金黄、淡紫和玫红。满月缓缓飘进绿色的光里。随着玫红和淡紫的光晕覆盖雪地和天空，颜色似乎有了自己的生命、躯体和韧性，这感觉就好像我们并不是在观看它们，而是在其内部行走。

第二天，光芒万丈的太阳点亮了雪地，本阿布尔德的悬崖在我们头顶露出明亮的玫瑰红。这世界多么清爽，多么明亮！然而，除了靴子踩在雪上的嘎吱声，万籁俱寂。有一次，一群松鸡悄悄地逃开，我们立马抬头，想要看看有没有狩猎的老鹰。果不其然，一只鹰下落到山谷，从我们头顶低空掠过，连它翅膀上的一片片羽毛，甚至振翅高飞时双翼可爱的扇动都能看得一清二楚。靠近山谷顶部有一棵树，住着一群煤山雀；还有一次，一只河鸟径直钻进了冰冷的溪水里。这可不是空旷的世界，雪地里的每一寸都藏着鸟兽的足迹。

正如我们有时能轻盈地涉水而行，有时又会被河水没过膝盖一样，动物们的行踪与我们也有相似之处：有时它们会在雪地里留下深深的脚印，除非借助脚印出现的规律，否则根本难以解读；有时爪垫留下的痕迹刚刚刻入雪地表面，依然比较清晰；其他时候却只能看到四五个断断续续的爪印。

鸟兽留下的这些印记为冬日爬山带来了独特的乐趣。你会有被陪伴的感觉，尽管是种迟到的陪伴。你的脑子里会出现这样的画面：一只野兔蹦蹦跳跳，另一只一路小跑，狐狸拖着尾巴前行，松鸡留下了深深的印子，鸻鸟的爪印则浅淡得多，马鹿和狍子也从这条路上走过。爪子陷落的地方可能会出现精致的冰霜纹饰，在从四周吹来的柔软飞雪中，野兔的踪迹也可能得以保留，不至于结冰。而在柔软而干燥的雪里，野兔的肉垫儿会留下叶子一样的图案。假如无人踏足的雪地中间突然出现了一条不起眼的小道，就像挂在一条细线上的两串珠子，只要动动手指，兴许就会在雪地里找到小老鼠曾经出没的通道。

虽说鸟儿和它们的爪印给我们带来了不少欢乐（爬斯卢根那天早上我们没看到任何四足的走兽），最精致、最微妙的乐趣还是来自流水。自那以后，我观察过许多正在结冰的河流，但并不确定自己的描述能否再现这些微妙的细节。每一条河流都同时经历着冰霜凝结、流水奔涌这两种运动的相互作用。有时，来自风的第三方力量会将水的形态变得更加复杂。冰可能如水晶般透明，但在更多的情况下它是半透明的，有些皱纹、裂缝或气泡，周身或者边缘处会呈现出绿色的光泽。在水流没过石头的地方，冰块是不透明的，显露出破碎的环形结构。如果流水只是沿河床轻轻拂过一排石头，凝结成为有绿色波痕的冰瀑布，那么在更远处就会出现由半冻结泥浆堆成的"大坝"，看上去绿绿的，可真拿起来看就会发现其实并没有颜色。"大坝"的边缘相当坚固，形状似叶片一般分散开来，就好像未经修剪的手工制纸，每一"页"都是生动的绿色。假如水从悬瀑处平稳坠落而没有被风吹偏，就会形成接近完美的透明冰球，它们过于规整，在这个充满不规则波动的世界里显得极不真实，仿佛人造一般。水从石头上溅落，在浅滩慢慢凝固的冰雪里刻出水晶般的形态，或者打湿石楠的细枝，让它挂满无比纯净的冰条，看上去像是一个设计精巧的玩具。淌过岩石表面的水冻结成绳索状，其中的层次依然清晰可见。水从岩石跌落的地方悬挂着冰柱，和大腿一样粗，长达好几英尺；下落的水有时会在冻结过程中被风吹歪，冰柱也因此倾斜。我见到过形似半月弯刀的冰柱，挺立在那里。有一次，甚至连风都因此被迫转向。有些时候，平稳流淌的一段河流会被薄冰覆盖，假如冰层在中间断裂,就能看到水下好几英尺的深度;当河水开始结冰,上游冻结,流水也随之变少。一个河岸接着一个河岸上冻,偶尔能听到一声巨响,那是在冰下奔涌的溪流卷起石头撞击冰层的声音。踩在河边沼泽里看似坚固的冻雪上,你会发现它其实非常单薄、易碎,你甚至能看到脚下冰层里成千上万的针状结晶,这些雕花似的冰层足有四五英尺深。从结了冰的河面向下望,你会发现一种可爱的凹纹;和光滑的河面正好相反,它有着弓形的结构和雕琢的痕迹。这种微妙的重心转变伴随着一种介于绘画和所画对象之间那种有层次的匠心设计。简而言之,霜与流水合力创造的可爱事物无穷无尽。

当河里抓着石头的冰爪松开手,悬挂在冰壁上的"冻胡萝卜"下落,浮冰顺流而下,看上去就像一大群睡莲或是一堆花椰菜的脑袋浮在水面上。落日余晖洒在绿白交杂的水面,闪烁出七彩光芒。在某座湖的出口处(我在其他地方从未见过这种现象),浮冰包围中的水流以一种独特的方式把数以千计的松针裹成球状。松针交缠得如此紧密,它们的对称形态得以永久保留。它们被打捞起来之后仍然可以保存好几年;对那些没听过这个秘密的人来说,可算得上植物界的一大谜题。

雪是霜与风的另一个玩物。阳光下被风吹散的雪看上去就像玉米的飞絮。小雪随咆哮的大风飞舞，落在山顶背阴的一侧，凝结成长长的晶体。我曾看到过风扬起石头两侧的冰晶，在我面前小范围地聚集起来，这可谓风的另一种创造。有时，风会吹过松散雪地的表面，在飞离地面之前，薄薄的一层浮雪就已被霜冻结，形成透明的纹理。"威尔士王子的羽毛"*，一位朋友曾这么形容过一种类似的风霜结合体。雪会随着云团飘浮，仅凭肉眼就可以看到它步步靠近；然而，由于组成它的冰粒实在过于细微，当云经过时人眼很难将其一一分辨。把手对着它们，手掌会被无数细小的水滴覆盖，但几乎感受不到什么影响。不过，假如把脸也转过去，冰针可就会刺痛你的眼睛了。这样的雪薄薄地铺在山坡上，像是旧日里透过小教堂那不挡风的屋顶，洒在苏格兰牧师头顶的细雪。

雪常常从闪闪发亮的蓝色天空飘落，在靠近地平线的地方聚集成纯白的行伍。其中一个成员走出队列，其边缘处的碎雪是如此精细，让人几乎感受不到它的存在，在蓝天下轻轻地旋转飞舞。不出几分钟，空气里便飘满

---

* 威尔士王子的羽毛（Prince of Wales Feathers）是威尔士王子徽章的别称，由三根鸵鸟羽毛、一个黄金头冠和一条蓝色缎带组成。这里是指风和霜造成的独特景观和徽章中的三根羽毛很相似。

了雪花。一旦落雪铺满沟渠，溪水结冰，天和水便化作同样的绿色。小溪和河流在冰冻的河岸间闪着绿光，从樵夫火堆里飘起的烟雾在雪的映衬下看上去也是绿色的。当然，雪上的阴影是蓝色的；不过，当雪被风吹散，阴影下凹陷的部分看上去也可能很绿。飘雪的天空通常是纯绿色的，不仅仅是在日出或日落时分，全天皆是如此。雪绿色的天空经过水和窗户的反射，比实际情况更绿了一重。在这样的天空下，被积雪覆盖的小山看上去可能是紫色的，就像被蓝莓洗过一样。在新的降雪之前，整座覆雪的山也可能会露出金绿色的光。有一座小山在这片绿色中显得十分不同：大范围的冷杉将其遮蔽，整个雪山表面因此闪烁起灵动的钢青色。

在大雪漫山的日子里，整个山脉从外面看上去会随着每一次空气波动而发生变化。薄薄的雪层里偶尔会露出几块石头，如魅如幻，看上去比海与天还要虚空。开始融雪时，虽然高原依旧一片雪白，低处的斜坡却开始因融雪而出现斑驳的印记，在灰白色的天空下只能看到色泽较暗的那些部分。此时，高原已经从视野中消失，取而代之成为顶端的是冲向冰斗的山脊。到了晚上，天空变成深沉的石蓝色，和正在冲蚀山脚的流水蓝得如出一辙。至于那长长的高层雪顶，以及它向下伸出的触角，则孤独且毫无支撑地悬挂着。

当大雪终于完全覆盖了整个山脉，阳光灿烂的日子里会闪烁起明亮但不刺眼的光芒（并非每个冬天都会大雪漫山，凯恩戈姆的天气极其难以预测，滑雪者为了适宜的雪深和雪面状态可能得白白等到春天）。冬季的天光并不伤人。即便一整天都在结了霜的雪地上行走，我也从没因为雪地上无尽的闪光而痛苦。唯一一次雪盲发生在四月底，那是春分过后五六周的时候，北极光变得强烈起来。此前我听说过一个奇怪的说法，那就是太阳不会照到这里。事实证明它可以，而且由于这里空气的纯度极高，阳光获得了力量；我猜，它的力量更多在于光亮而非热度。在四月底的那天，平静的天空下突然刮起了暴风雪。雪下了一整晚，厚厚的积雪直到第二天太阳露脸也没融化。我们那时在去本阿布尔德杜乌湖的路上，我没有登顶的想法，也没有准备任何应对皮肤晒伤的防范措施。我既没料想到会有风霜和烈日来蹂躏我的皮肤，也没有任何应对雪地强光的经验。不一会儿，我再也无法忍受强光的刺激。我开始在雪地上看到一块块猩红色的斑点，恶心和虚弱的感觉涌上心头。同伴拒绝放任我坐在雪里，而我也不愿让他拍摄寂静寒冷状态下湖水的这一目标落空。因此我挣扎着继续向前，用他深色的手帕遮住眼睛，这简直是一次视野受限的痛苦受刑，幸好我们及时到达了冰斗昏暗的那一边。那天我的灼伤非常严重，此后好几天我的脸紫得跟酒鬼一样。假如那时我记得在温暖的日子里也会下雪，所有这些不适就都可以避免。

不过，真正影响重大的并非这些反常的狂风暴雨，而是一月里浓厚、细密、狂野的暴风雪，彼时狂舞的暴雪甚至能把人封锁在致命的孤立状态。放任自己在山上走入这种困境是愚蠢的，因此猎场看守人的信条是：如果你在雪地里看不到自己的脚印，就不要再继续向前。不过暴风雪完全可能迅速爆发，瞬间把人死死困住。当连续几天的降雪累积成厚厚一层，涌入冰斗地带，被自身的重量沉沉压下，暴风雪可能在山上聚集之后蔓延，并覆盖大地的其他角落。我观察过号称五十多年来最严重的一场暴风雪在席卷全国之前的初始状态：从莫罗内山的山肩看过去，凯恩戈姆山脉似乎在不断旋转、下落、上升，就像一条被抛入黄色大海的小船。天空、悬崖上的浮云以及悬瀑混作一团，时而像是桅杆上的圆木，时而像是船桅，都只能辨认出类似支撑物和檐板的形状，仿佛被人暂时丢进了翻腾的云海里。云海吞没凯恩戈姆，随后又被升起的"圆木"捅破，而圆木在一团云雾中撑不了太久就又会被邪恶的旋风压制。天空在灰色和黄色之间急剧变幻。

我身边的大地在整个过程中一片苍凉。整个十二月间它都是白色的，虽然年初第一周的某一天会恍如四月，冰雪融化，土地在温和的空气里晒着太阳。不过此时此刻，山间的骚动已挥起大风的鞭子；连站在远处观察的我都能感受到它的威力，没一会儿就几乎站都站不直了。风继续吹，刮起的雪细小而松软，轻薄脆弱，如同空气，却预示着将要洋洋洒洒好几周的一场大雪。

冰斗里密集的积雪可以维持几个月都不融化。实际上，除了一九三二年到一九三四年那些热得非同寻常的夏天，在此前的其他年份里，即使是七月也依然会有坚实的雪墙，深好几英尺，和冰斗上的峭壁一样高，顺着岩石的轮廓向外倾斜。在那些逝去的夏天，有积雪值得一看。我曾经以为那是永恒不化的积雪，触摸时心怀敬畏。然而，到了一九三四年八月，除去布雷里厄赫山嘎纳夫冰斗最里面的一小片区域之外，凯恩戈姆山脉已经压根儿没有积雪了。自古存留下来的那些雪已经彻底消失。

在我刚刚描述过其初始状态的风暴中，一架载有五名捷克飞行员的飞机在暴风雪里撞向本阿布尔德。从飞机引擎的状况可以清楚看出暴风雪的影响，它受损并不严重。

在这些山上,最致命的情况就是遇上暴风雪。而比起雪,暴风更加可怕。在我频繁出入凯恩戈姆山脉的那段时间里,有四个人因暴风雪丧命其中(在此期间,除去在空难中丧生的那些人,一共有大约十二个人死于凯恩戈姆)。有三个人是从岩石上掉下来摔死的,包括一个女孩。另一个人被五月天里看似坚固的雪面所欺骗,不慎滑倒。所有死者都很年轻。曾有两个较年长的男人进了山,也再没能出来。直到两年以后,人们才发现了其中一人的尸体。

身陷暴风雪的四个人里,两人死于一九二八年一月二日,另两个死于一九三三年的同一天。前两人在当时废弃不用的小屋里度过了人生的最后一晚,而我后来却在这个小屋里度过了人生中最幸福的时刻。捕猎者老桑迪·麦肯基那时还活着,住在农场的另一个小房子里,他曾经告诫过那些男孩要尤其注意暴风雪。如今,我挨着开放式壁炉和麦肯基夫人坐在一起,大风在烟囱里呼号,撞得铁皮屋顶咔咔作响(她把这间屋子叫作"这个锡罐一样的地方")。我看着她用布满皱纹的双手拿起杉木根取火,一边听她讲起那场暴风雪里的狂风。故事里的大风,冲撞了整整一夜。"如果你在那晚起床离开,房子也会跟着你走的。"她知道我喜欢睡在门边,有随时起身踱步的习惯。想起前一晚爬进睡袋的自己,我在脑海里勾画起那两个男孩的境遇:躺在空荡荡的房间里,屋顶咔嗒作响,刺骨的寒风穿透每一条缝隙,渗入屋里。倒不是说他们有多介意,毕竟他们想要的不过是一个挡风的屋顶罢了。"还有盐——他们想要盐。"对这两个再也无法得到任何照料的男孩来说,这真是个奇怪的、有象征性的需求。麦肯基夫人朦胧的双眼望向远方,说道:"雪在刮到你的脸颊之前,就已经结冰了。"她儿子约翰在三月份发现了第二具尸体,是在他和他的西高地白㹴犬多次经过的一处雪地里。他告诉我:"直到那天早上,她都还在刨着什么东西。""除了在事物终将出现的地方,你没法儿找到任何东西。"老妇人说道。她取出风箱,把木头吹进火堆。"桑迪曾经说过,'火花是世上最美的花朵',每次他从山里回来都会这么说。"她泡了滚烫的茶。不过,风暴已经被她召唤到火炉旁边,一整夜都没有离开。

另两个男孩是在偶尔才会出现、奇迹一般的好天气去的凯恩戈姆山,夜里借宿在埃文河边的庇护石。这是两个土生土长的男孩。那年七月,一个风和日丽的周日,我们于破晓时分出发,整个上午都独享着寂静无人的空山。我们惊讶地发现，一群人从格伦莫尔那边轻松的路爬上了山，从我们身边经过，去了庇护石。我们数了数，山上一时间竟出现了一百个人。他们是来看两个男孩曾睡过的地方，阅读他们记在书里的那些兴致高昂、无比欢快的文字。这本书躺在庇护过无数借宿者的巨石下面，因表面防水而得以保存。写完这些文字，两个男孩就出发了，他们做梦也没想到，自己再也没能回家。虽然其中一人是个经验丰富的登山者，但两人都没考虑到风这一因素。凯恩戈姆山山脚靠近阿伯内西一侧的多尔柏克有所规模很小的学校，校长告诉过我那里的风有多大威力，她跛腿的妹妹曾经在横穿露天的操场时被一阵狂风吹倒在地。两个男孩出事的时候距离格伦莫尔五英里，已经在安全范围之外了，他们双手双膝跪地，再也无法抵抗卡斯冰斗里的强风。当人们发现年长的那个男孩时，他仍然保持着爬行姿势，身体被风牢牢固定。他一定没有料到，顷刻之间，原本清晰的世界会陷入一片混乱。我猜测，他们是在判断中出现了失误。但我不能对他们妄加评断。只要身处大山之中，我们就要对自己负责，这是所有人必须承担的风险；而只有我们真正担起了这里暗藏的风险，对山的了解才会真正开始。

第六章

空气与光

在高原稀薄的空气中，事实上山里任意角落的空气都很清澈，因此影子都极度清晰，易于分辨。飞过高地上空的飞机会投下立体阴影；当它绕过峭壁，随之蛇行的阴影也会出现变形。或者，你也可以拔下一节不起眼的褐粉色软草，在它背后举起一张白纸，你会看见和蚀刻版画一般棱角分明的黑影，奇迹般捕获了精确的细节。即便只是野生龙胆那小小花萼里的纤细边缘，也会在花瓣上留下影子，为它平添一份美丽。

大山不仅意味着岩石和土壤，空气也是其组成部分之一。凯恩戈姆有其特有的空气，正是因为这种空气的品质，它才能显示出无限丰富的色彩。山峦本身在大多数时候都是褐色的，一旦被这种空气包裹，就变成了蓝色；从乳白直到靛蓝，你可以在这儿找到属于蓝色的所有不同色调。蓝得最彻底的时刻当属雨天，那时的隘谷会被染上紫罗兰的色泽。潜伏在山洼里的龙胆和飞燕草，随之裹起炽热的颜色。

这些撩人的蓝色创造出的情感效应，非干燥的空气可以企及。丹青色本身并不动人，动人的是它一系列的色泽变化，像音乐一般撩动心弦。空气里的湿气也带来了一些改变，原本熟悉的山丘的大小、远近和高度发生了明显改变。这就是在高原迷雾里行走会感到恐惧的原因之一：你透过一个缝隙突然看到的坚实地面似乎只有三步之遥，而实际上那可是足有两千英尺深的鸿沟。有一次，我站在山上眺望，对面的山好似把脸都贴了过来。我就这么凝视着它，直到垂下眼才惊讶地发现，下面竟然还有一条湖，而我以前就很清楚湖在那里。但，这不可能啊！在我和对面的山之间根本没有足够的空间。我抬头又看了一眼对面突出的坡顶，它是如此贴近，几乎触手可及。然而，低头看，湖却还在那里。在一个柔软的春日，我来到莫纳利亚山脉，距离变得朦胧，峡谷、山丘和天空都裹着微微发亮的灰蓝色，看不清细微差异。那一刻，我猛然发现到头顶的天空中有一种明确的白色线条。这种图案变得更加清晰，看上去非常眼熟。我意识到，这正是依然覆盖着皑皑白雪的凯恩戈姆高地冰斗和洼地的形状。它悬在空中，像是无所依附的雪骨架，远远高出我预想的高度。或许正因如此，山谷的细节才显得模糊不清。

飘在空中的雨也拥有一种奇怪的力量，它能赋予物体立体感，使人得以环视一切。光线经过空气中的水分折射，把物体的背面也带到眼前。我曾经看着半英里外山坡上的一座小农场，那儿有一个农庄和一头牛；感觉就像，我正绕着堆栈走来走去，还拍了拍牛的屁股。

薄雾，可以隐藏万物，亦可揭开面纱。看上去像是一座独山的地方，隐约可以瞥见凹地和峡谷，远景因此被赋予了新的深度。绵延开来的一片悬崖，比如埃尼亚赫湖南部的宏伟壁垒，也会凸显出每一块扶壁，好似披上了锯齿状蕾丝。披着面纱的薄雾在同一片湖面上漂移，于太阳和红岩间呈现出千般色彩。

这是因为，这里的一大片花岗岩都是红色的，长石也属于粉红色的品种。峭壁、巨砾和碎石堆都已经被风化成冷灰色，但只要看看最新成形的或是水下的岩石，就能发现红色的亮光。经过冬天的严霜相逼，拉瑞克两岸透出鲜亮的红色，四处可见由房子大小的石块坠落割出的清晰切口。只消在里面找找，就能发现这些石堆的其中一面刻有新鲜割痕或是裂成了亮红色的碎片；附近的黑色巨石已经躺了很久很久，不过落石撞击削下的碎石却依然是红色的。

或者,你可以朝水下看看。布雷里厄赫山的本尼冰斗是所有冰斗里最不显眼的一个,只是一堆灰色的碎石,但穿行其间的溪流却如同阳光,匆匆流过之处透出亮红的色泽。顺着山的这一面继续向前,穿过冰斗小湖深而清澈的湖水,即便是在湖面覆着一层薄雾的时候,水底的石头依然会发出强烈而明亮的光芒,仿佛水本身都在发光。在这条精美的山湖边缘散落着一圈红色石头,湖水一波波拍打在岸上,遏制了青苔的生长。

阳光穿透稀薄的雾气,赋予大山脆弱、鬼魅般的美丽;不过,一旦雾气渐浓,走起来就和盲行一样糟糕了,虽说这阴森的气氛里有种隐秘的刺激感,倘若没走丢还能获得充分的满足。辨明方向需要清醒的脑子,还得清楚如何使用手中的地图和指南针;即使团队中有人因惊慌失措想要走上错误的道路,也要保持镇定。雾中行走考验的不仅仅是个人的自律,还要求同行的人保持最佳互动状态。

当云雾化雨,又别有一番风致。强劲的雨水和漂移的雾一样外形动人,移动起来也颇具美感。然而也有一种不那么美的雨,会让空气和地面全都湿透。阴沉的黑雨骤降,侵入身体发肤和灵魂深处。雨水灌进脖颈,淌过胳膊，渗进靴子。每一寸肌肤都湿答答的，随身携带的行李也比原来重了一倍。这时，眼前所见只剩一片令人心寒的荒凉景象。大山随之变得恐怖起来。

高原从未像早春那几天一样荒凉。上一年残存下来的雪相当脏，积雪渐渐融化的地方看上去就像一条磨损的裙子。冰雪已经消融的地方露出褪色的野草、腐烂的浆果、灰色的长毛砂藓和苔藓；这些苔藓像是失去了韧性，一派了无生气的模样。一脚踩上去，便留下了痕迹。雪地里可以看到鹿群走过的脚印。在我看来，这比未被触及的初雪更让人感觉寒冷。

不过，即使是在这种灰暗荒凉的景色里，只要出了太阳，刮起风，仍然可以和美丽的奇迹不期而遇。松鸡胸前的绒毛散落在地上，把握住太阳的馈赠，飘逸的绒毛在太阳下变得极其透明，光都可以穿透，然后随风飘走，消失不见。

有一次我站在桥上，脚下是水位上涨的溪流，那是个了无生气的季节，我的心情和天气一样低落。刹那间，世界焕然一新。我突然发现水下有一棵闪着亮光的树，直直地立在小溪边缘，虽说小，却很精致，枝丫间挂满细腻的光球，在水下闪动。我爬下去，朝这股神圣的溪水伸出手，掏出来的却是个湿答答、怪模怪样的东西。可一旦把它放回水里,瞬间又变回了一棵发光的树。我拿起来仔细观察,这才发现是一串有着方形叶梗的圣约翰草。这种植物的叶子布满细小的孔洞,能够渗出一层油,保护它不被周围的水吞噬;就像俯冲进溪流的河鸟一样,周身闪着一层光芒。我不禁想起凯尔特神话中的银枝,为这么渺小的事物竟能拥有如此巨大的魅力而惊叹不已。

包裹在空气里的风暴唤醒了隐藏的火焰——我们称之为"发光的火"的闪电,以及北极光。在这些不可思议的光线下,山脉显得更加遥远。它们在黑暗中向后退去,在没有星星和月亮的夜里,你依然可以看到这些山峦。天空不会一片漆黑。在最阴郁的夜里,它也比大地明亮得多,就算是最高的山,在这浩渺夜空下也会显得低矮。只有闪电的亮光能缩短它们之间的距离,而且只有短短一瞬。

在黑暗中,人们可以在大地上触碰到火。用趾甲撞击石块,脚边会火花乱舞。如果挡住水底那些黑色软泥,还能发现偶尔迸溅出来的微弱磷光。

奇怪的是,在黑暗中行走能让人获得老地方的新知识。有一周夜空阴沉,看不见月亮,又赶上战时停电,我每晚步行穿过从怀特维尔到上塔洛克格鲁夫的沼泽地,去听新闻广播。虽然带着火把,却只在没找到通往塔洛克格鲁夫的方向时用过一次。两棵挺拔的松树就是我的路标,不管夜有多黑,天空总是比树木更加明亮。小径穿过一片黑压压的石楠,明显比两边颜色更暗;石头,以及被踏平的土地两侧的一丛丛石楠,在黑暗中默默生长。我第一次发现原来这条道路对我来说如此陌生。我曾无数次沿着它前行,然而此刻当我放任双脚代替双眼引领我前进,却根本不知道哪里会出现颠簸和坑洞,哪里会出现涓涓水流,也不清楚这条路会在哪儿爬升,又在哪儿下降。我的记忆竟有这么多都储存在眼里,而存在脚端的却如此之少,这真让人惊讶,我在黑暗中本来毫不尴尬,还可以在其中行走自如。然而,如今我却在这儿跌跌撞撞,只因地上隆起了石块。我现在终于明白,要想成为一个盲人,也需要不停地练习。

当我抵达黑暗沼地的最高点,周围的世界似乎消失了,仿佛我已来到世界边缘,只需跨出一步,就能走入另一个空间。远处低矮的地平线上,高耸的凯恩戈姆山脉看上去也变小了,好像两片田野之间垒起的堤坝。

影响视觉上尺寸大小的因素不止空气湿度,它可能还会涉及视野范围内的其他事物。正因如此,刚刚升起的月亮(一轮带着角、象征着收获的秋月)在我眼中显得无比硕大,低低地挂在空中,使群山也相形见绌。

第七章

生命：植物

截至目前，我写的都是没有生命的东西，比如石与水，霜冻和阳光，导致这儿看上去几乎不像一个充满生机的世界。其实我的思路是，通过描写这些孕育万物的自然力量，一步步靠近山间的生命。毕竟大山是一个隐于无形的整体，山里的岩石、土壤、水和空气并不比有灵魂、能呼吸的活物更不可或缺。一切不同元素都归属于活山这一实体。崩裂破碎的山岩、滋养万物的雨水、令万物复苏的太阳、种子、根茎还有鸟兽，皆为一物；老鹰和高山婆婆纳也是大山的一部分。虎耳草之于大山，犹如眼睑之于眼睛；假如没了大山，虎耳草这种"碎石者"就难以生存，其中最可爱的星虎耳草和黄山虎耳草也就难觅其踪。星虎耳草单朵的小花似星星般铺满高处洼地的溪流，黄山虎耳草则像温软的阳光，在河流下游丛生。

考虑到高原上可怖的暴风，生命能够幸存下来就已经算是奇迹。就海拔来看，这里不算太高，植被可以生长在远超四千多英尺高的地方。难的是这里没有庇护所，唯一勉强能称得上庇护所的只有沿着宽阔斜坡流向峭壁的水流。能够生长起来的一切都暴露在浩瀚无边的空气中，大风从冰岛、挪威、美国、比利牛斯山脉呼啸而来。高原的地表起伏波动，既没有石块、也没有深谷能为植物提供安静的生长环境。不过偶尔伴我同行的植物学家告诉过我，那里可有超出二十多种的植物，假如算上苔藓、地衣和藻类每一物种的不同形态，这个数字还会更大。他为我列了个清单，好让我可以一一辨认。生命，似乎不会理睬恶劣环境的警告呢！

生命的韧性不仅仅体现在山顶，也能从较低处那些石楠被烧焦的山肩看出一二。石楠承受烈火、严霜、狂风和其他险恶气候的能力众所周知，而早在其焦枝下方的根部显出复苏的生命迹象或隐藏在土里的种子重新发芽之前，百脉根、雉子延、蓝莓、小小的金雀花还有高山薯就已经突破土壤，伸出蓬勃的嫩芽。这些山花的纤弱难以用语言传达，它们的根茎纤细，花朵柔弱，但只要向其灵魂深挖，就会发现永恒耐力的根源。或蜷伏成团，或纤长如丝，它们就像一块块死木和一条条筋脉，在土壤下保存了植物生存的必备能量。即便在地表以上的所有生长都已停滞——不管是被火烧、被霜冻还是渐渐枯萎——这里依然一片生机勃勃。不管任何时候、任何季节，大山都因它们的存在而生机勃发。就算根被摧毁，泥土里仍然保有活着的种子，准备好重新开始生命的循环。世上再没有比这里更适合的地方，能够证明生命不可战胜的力量。一切都在设置重重阻碍，生命却毫不理会。

高原上的植被身材矮小，紧贴地面生长，连风也难以抓到任何松动的末梢。它们或在地表上蔓延，或在地面下爬行，或紧紧抓牢与其外在生长形态完全不成比例的巨大根茎。我曾说过它们毫无庇护，但对任何一朵花来说，这个群体本身就是其庇护所。高山花朵里最令人惊叹的当属藓状蝇子草，一簇簇明亮的粉色小花开在六月及七月初，散落在最贫瘠、石头最多的地方；其生长习惯和紫罗兰类似，密集分布、贴近地面。这种植物的根扎得深且牢，既顶得住飓风，也能在霜冻、干旱以及一切极端难测的高原天气变化下，保住一线生机。就这样，高山花朵的特色应被视作大山自身的一部分，它的生活方式就是大山的存在方式，一切就像渠中水那样自然。

提及大山的存在方式，还得讲一讲那些艳丽的花。虽然不知道它们在山间开了多久，但根据紧贴在一起的花簇大小来看，有些肯定已经挨过好几个冬天了。大部分山花都是生命力顽强的选手，可即便是赶在一个季节跑完生命周期，选手们也从来没法确保成果、留下后代。死亡不仅尾随着个体，还笼罩着整个物种。就算是那些命大的植物，也必须得常常自我更新。只有在某些夏天，昆虫才能飞上山顶。为了吸引飞虫，蝇子草的花瓣绽放出炽热的色彩。

山中稍低处，在所有的山坡、山肩和山脊以及下方的沼泽里，最具标志性的植物是石楠，这也正是凯恩戈姆山脉不可或缺的组成部分。由于石楠在花岗岩中生长得最为繁盛，它的生命也就因此融入了大山。山里长着三种石楠——两种为欧石楠，一种为帚石楠——其中最朴素的枞枝欧石楠开在七月，一簇簇火红的花朵就像太阳爆裂的场景，在周围依然是一片棕褐色的时刻就已怒放。灰白而精致的四叶石楠长在潮湿的地方，聚成小块，通常只有单头，几乎像打了蜡一样，散发出蜜一般的香气。不过，真正为山丘披上紫色外衣的还是帚石楠，八月开花，看上去雅致宜人，柔软的光晕可以蔓延好几英里。假如在炽热的阳光下漫步其中，最好别选那些已经成形的道路，花香升腾为雾，会教人陶醉不已（我有一个年轻朋友，在她父亲让她跟着时说过这么一句："我最喜欢没人走过的路。"）。就像在大热天行走会被一圈苍蝇包围那样，穿越这片花海时，周身都是石楠花的芬芳。这是因为划过花海的双脚会扬起花粉，拂起一阵花香缭绕的烟尘。介于淡黄与浅褐之间的花粉落在靴子上，假如光着脚，就落在双脚和小腿上；它们有着柔滑触感，却也会在手指间留下清晰可辨的细粉。然而，在这样的花海蹚过好几英里之后，身体就会变得麻木。和教堂里过量的熏香教人麻木一样，花粉过量也会削弱行人对它的好感；只有在灵台清明、情感涌动的时候，这种喜爱才能达到最佳状态。

对于深爱着大山每个季节的人来说，开花之日未必是石楠最好的时光；它长在那里，就在双脚之下，这种感觉本身就已经非常美好。在漫长的禁欲后感受着脚下生长着的石楠：这是我所知道的最可贵的乐趣之一。

气味——芬芳及香气——乃生命题中之义，因为在很大程度上它正是生命过程的一项副产品。它当然也可能是火的副产品，不过话说回来，火也正是依靠吞噬活着或曾经活过的生物才能存在。气味也可能源自化学作用，不过即便山上已经死去的生物里真有隐秘的化学反应发生，我的鼻子也没能嗅出几分。我真正捕捉到的气味，来自生命，来自植被和动物。即便是世上最好闻的气味之一——土地的芳香——也是一种活着的香气，因为它产生于土壤中的细菌活动。

因此，植物在生长的过程中散发出各种气味。有些和花朵的蜜香一般，对昆虫平添了多一丝诱惑；有些和石楠一样，在炽热的阳光下肆无忌惮地焕发芳泽，因为那也正是昆虫最活跃的时刻。但在其他情况下，比如冷杉，其气味来自树液，来自生命本身。当松树的幽香一路沁入肺部深处，我很清楚那是生命在源源涌入，穿过鼻腔内的纤毛，进入我的身体。松木与石楠类似，在太阳下芳香馥郁。或者，在林务员前来伐木时，香味也很突出。生长在山脉低处的所有植被在被砍伐时，要数云杉释放的气味最为浓烈。炙热的阳光下，它几乎像是酵素，或是煮沸的草莓酱，不过比后者多了一份让鼻子和咽喉内膜更紧张的强烈香味。

香杨梅是叶子携带香气的植物代表。这种灰绿色的灌木布满山谷泽地，生长在羊胡子草、茅膏菜、沼兰、斑兰和地衣中微小的绯红杯菌之间。香杨梅的气味清凉干爽，和野生百里香一样，它在被挤压的时候香味最盛。

另一种灌木——杜松——小心翼翼地隐藏着气味。这种植物有一种奇怪的习性，会成片成片地死亡。咔嚓一声折断死去的杜松，就会闻到一股辛辣的味道。有几个月我一直带着一块杜松木，时不时折它一下，就可以闻到新的香气。这种死木有着灰色的丝质外皮，能够防雨入渗。即便是最潮湿的季节，森林里的每一株冷杉都被淋透的时候，杜松依旧干燥如初，散发出清晰可辨的热量。在杜松断折时恰好站在杜松林里，再没什么能比这更美妙了——能与之相比的，大概只有往拢好的火堆里添一把落叶松的小嫩枝。有一次，在走进一片低矮的杜松丛前，我用手拂去松散覆在它们身上的厚雪；一阵令人惊喜的香气随之而起，飘浮在凛冽的空气里。

生长在低处山坡的桦树恰恰相反，只有在雨天才能释放出气味。这种香醇的味道就像陈酿白兰地一样浓郁，在潮湿而温暖的日子里，教人醺醺然沉醉其中。它作用于感官神经，迷惑着你的大脑；说不清为什么，整个人就这么兴奋起来。

桦树枝繁叶茂之时，最是丑陋无趣。当新叶点缀出绿色的火焰，反倒显得精致；等到叶片日渐稀疏，整棵树便像文上了金边。四季之间，最可爱的当属桦树赤裸现身的时刻。太阳低垂，桦树细枝上绢丝般的绒毛好似光的造物，光芒闪耀。没有变形的时候，桦树看上去是紫色的。树液上行，紫色开始发出耀眼的光，这份光芒如此强烈，以至于山坡上看过去，有一瞬竟以为那是盛开的石楠花。

在一片闪烁着紫色光芒的桦树林里，间或出现的花楸看上去死气沉沉。裸露的树枝显出光滑的灰白色泽，在冬日里的太阳划过时一片惨白。十月才是花楸的好时节，到那时，就连一团团浆果的暖色也比不上花楸叶片里血红色的光华。这种"被赐福的活木"，被认为拥有抵抗恶灵的力量。它生长在桦树和冷杉之间，通常是孤零零一个；有时又显得比身边的桦树和冷杉高大，在山谷间的小溪旁傲然挺立。

这儿最多彩的月份是十月，远比六月绚烂，较之八月也更炽烈。生长在低矮山坡的桦树和欧洲蕨一片金黄，色彩沿石楠根部匍匐生长着的各种不显眼的植物一路向上蔓延，为苔藓裹上或葱郁或橡棕或猩红的色泽，也点亮了蓝莓、蔓越莓、岩高兰等各种浆果植物。覆盆子的叶子深红似火，是整个若斯墨丘斯森林里最可爱的一员。由于一九一四年的战争，林子里的冷杉都被放倒，每个树桩周边都生出覆盆子笔直的细枝。因此，一到十月，一簇又一簇尖尖的火焰便会点燃整片荒原。

一九二〇年初夏，一场真正的大火吞噬了这片森林。一位猎场看守员告诉我，为了阻止火势蔓延，他们四十个人忙了整整十天十夜。据他所说，每到晚上，树干就像火柱一样闪闪发光。

如今，原本辽阔的松树林已经所剩无几。不过，在大山深处的峡谷中仍然能发现一些古老的冷杉，大概能追溯到原始的喀里多尼亚森林*。埃尼亚赫峡谷里依然生长着古木，在山另一边的巴洛赫布伊也是如此。艾雷恩湖的岸边散布着极其珍贵的苏格兰冷杉，树周是我臂展（相当长）的二点五倍；剥落的树皮长达一点五英尺，厚如书本；在地表土壤被冲刷过的地方，裸露的树根像蛇群一般扭曲交缠。时不时地，尤其是在埃尼亚赫湖出口处的水闸，还可以看到若干树根，这些早已死亡的树木中有一半已沉入沼泽。

这儿和其他湖泊上的水闸可以追溯到十八世纪晚期，那时候伐木工的行动响彻整个森林。树干整备好之后，只需打开闸门，树木便会顺着汇入斯佩河的水流一路向下。对此，曾有一段来自孩童的生动描述，被若斯

---

* 喀里多尼亚森林（Caledonian Forest），指现存最古老的苏格兰原始森林，其起源可追溯到末次冰期后（约10000年前），后因气候变化而萎缩，至今仍有约35处残留地区，占地约180平方公里。

墨丘斯的伊丽莎白·格兰特*记载在《一个高地女性的回忆录》里。自从意识到木材是财富源泉之后,人类开始伐木,并在每条溪流旁边建造小锯木厂,只需一小块空地、一把锯子、一个厨房、一间内室和一些玉米片即可。不久以后,人们意识到把所有木材顺流运往斯佩河更有赚头,木材在那儿会被用来制造粗糙的木筏,再被运往福哈伯斯和加茅斯。这些老锯木厂的旧址早已被人忘记,取而代之的是卡车、新锯木厂及其机械设备,用以满足小镇的需求。那些并非土生土长的外来者,也会来放倒、砍伐、切割树木。不过,那些古老的方式还是留存了下来:某个扎根于此的人,吆喝着一匹本地的马,把捆在一起的树干从人迹罕至的角落拖出来,夜间再赶回荒原边缘某个古旧的农场。

第一次大规模伐木发生在拿破仑战争期间,本土出产的木材成为急需品。一个世纪以后,同样的事情再度发生。在一九一四年以及需求更为迫切的一九四〇年,新长出来的树木踏上了和前辈一样的道路。树最终会再

---

* 伊丽莎白·格兰特(Elizabeth Grant, 1797—1885),在苏格兰若斯墨丘斯地区出生、成长,她在婚后写下了自己过去的生活经历,当成故事来取悦家里的孩子,后被结集成《一个高地女性的回忆录》(*Memoirs of a Highland Lady*)一书。

长出来，但一时半会儿土地免不了伤痕累累，所有活着的生命都会选择逃离，比如凤头山雀和害羞的狍子。特别让我担忧的是那些珍贵的凤头山雀，正是它们的存在让这片森林变得独特。

我曾听人们说过，寻找这些精致的山雀常常徒劳无功；不过，假如你知道它们的藏身之处（我可不会透露具体信息），只需静静站在树边，就能轻易地召唤出这些小家伙。你会听到一阵骚动和山雀弄出的轻微声响，但一靠近，它们就又跑得没影儿了。这时候，只需要继续安静地站着，不出一两分钟它们就会忘了你还在那儿，先后轻盈地掠过一根根树枝，靠近你的头顶。我看到过一只凤头山雀，就在距离我眼睛一英尺之外的地方转了个身。到了筑巢的季节，一切可就不太一样了，这些山雀会变得和骂街泼妇一样聒噪。我就曾经被一对山雀猛烈地吼过，那劲头简直让人为它们感到害臊，于是我赶紧离开了它们的领地。

假如打开湖上的老水闸，水流会有多猛呢？一位八十岁的妇女告诉过我，水闸可是能用来对付税务官的。在本尼湖远侧的凯恩艾尔瑞克下面有一片树木茂盛的区域，我还在那儿迷过路，而有人曾经在那里私酿威士忌。等税务官上路的消息传到他耳朵里时，他已经来不及把酒藏起来了。事实上，比起自己的蒸馏室，他当时离水闸更近，于是他就去水闸了。我几乎能看到他大步向前，脚踏实地，一副苏格兰高地人特有的样子。所以，等税务官真到了，湍急的水流横亘在他和威士忌私贩之间，至少当天他是没法过河了，可能再过一天也无济于事。

依据大山两侧高处的松树遗迹判断，早些时候的森林要比如今海拔更高。不过，时不时也能发现海拔位置远高于森林主体的一棵独树，种子大概是被风或是鸟带过来的吧。在这些离群者中间，有一些显示出了令人惊叹的适应能力。它们就像巫师一样，能够随意变换形态。我就知道这么一棵植物，长在离两千九百英尺高的山顶不远的地方，它生命力非常顽强，枝丫向四周张开，虽然宽不过三英尺，高最多五英寸，却几乎称得上活力焕发。它紧紧依附在那里，牢牢抓住了荒凉的地表。我倒是很有兴趣看看它究竟能长多大，接下来又会朝哪个方向伸展。

在冷杉死亡很久以后，树根随树木的灵魂一起留存下来，成为世上最好的引火柴。有些山里的老妇人特别看不起用纸引火，也瞧不上花掉一根以上火柴来生火的行为。我认识两位这样的老妇，都已经八十好几了，独居，一个住在山脉靠近斯佩河的一侧，另一个在迪河那侧。两人在荒野里挖枞树根，再把它们拖回家砍碎。假如你去拜访她们朴素的住处，就会看到火灭之后她们用布满深纹的棕色手指，把罗塞塔根茎（这是我们在阿伯丁郡的叫法）搭成金字塔的形状，从提桶里舀出一勺井水倒进水壶，再把水壶挂在摇摇晃晃的绳子上，任它在炽热燃烧的树枝上摆动。还没等你完全适应闲聊的氛围，茶就已经泡好了。要是陶茶壶的壶口裂了（"我的茶壶掉了颗牙"），茶水会溅到敞开的壁炉上，扬起一阵灰尘和水汽；如果你想的话，你也可以说这是在洒茶祭神，不过茶还是那么香，谈话也不会因此失去活力。

石楠丛中隐藏着许多不显眼的东西，我尤其喜欢石松，不是紧紧缠绕在一起的那种，而是被我们称为"蟾蜍尾"、毛茸茸的那种。我还是个孩子的时候，父亲就教了我采摘的艺术。我们躺在石楠丛里，我的手指学着慢慢感受每条分岔的小径、分支，仔细地拨开沿途微小的根茎，直到收集到好几码长的粗粗一串。这是一门非常适合教给孩子的艺术。虽然当时的我还没意识到这一点，但我确实已经通过自己的手指在慢慢摸索有关成长的奥秘。

大山从未完全泄露这个奥秘，而人类自己正慢慢学习如何解读它。通过观看和沉思，我们耐心地搜集一个又一个事实。在蝇子草令人生畏的根茎里，我们发现了一丝痕迹；小米草为了更好地汲取养分，把细嫩的根茎深深扎入草地，显出一些端倪。秘密，也隐藏在景天和虎耳的灰绿肉叶里，那里存储着大地馈赠的养分，以备供给不足之需。当羊胡子草的丝状细毛在沼泽四周飞舞时，最小的柳树也蜷起身子，任其毛茸茸的柳絮在高地上飞扬。此外，迷你的杜鹃花努力向外铺展在山坡上以求保护，玫瑰色的光晕诱惑着罕见的昆虫在此停留，使它得以和石楠花一样，在花岗岩上生长繁茂。与此同时，花岗岩却无法满足许多其他稀有山花的需求，它们更渴望的是石灰岩的纹理，和云母片岩里的丰富腐殖质。比如，最稀有的一种花——高山紫云英，就只有在凯恩戈姆山脉一个特定的地方才能找到；它柔和的浅色花朵镶着淡紫色的边，黑红相间的常客六星灯蛾如影随形。没人知道为什么会这样，但假如没有紫云英，就不会看到六星灯蛾。有一天天气潮湿阴郁，还刮着风，几乎不太可能看到什么蛾子；然而，我们竟然还是在紫云英花丛里发现了许多这样的小东西。

一个人对土壤、海拔、天气和有生命的植物、昆虫之间那错综复杂的相互作用所知越多（这错综复杂的互动里存在着令人震惊的瞬间,比如茅膏菜和捕虫堇吞噬小虫的时刻),这份神秘感就变得愈发浓厚:知识可不会驱散神秘感。科学家告诉我,活跃在苏格兰山地的高山植物群起源于北极圈,这些看上去弱小而分散的植物熬过了冰期,是我们国家唯一一群比末次冰期还要古老的植物。然而,这并不足以解释它们的全部,不过是为难解的方程增加了时间这个新维度罢了。我发现自己对科学家朋友有一种天真的信任:他们是一群如此快活的人,没必要无故对我撒谎,更别提他们讲述的故事还能让世界变得这么有趣。可即便如此,他们这番话还是让我感到难以置信。我能想象岩石的古老,但要让我想象一朵鲜花的高龄,这可就难多了!它意味着,这些居于山顶的坚强斗士,这些有着天使般花序、极具魔力的根茎的植物,它们狡猾地骗过了整个末次冰期,而不仅仅是一个冬天。对此,科学家们谦虚地表示,他们也不知道这些生命是如何做到的。

第八章

生命：鸟兽昆虫

虽说我最早的山林探险都发生在六七月间，但每次经历的要么是阴天、大雾、狂风，要么是冰雹、大雨，甚至还有一次暴风雪；真正第一次在高原上见识到夏天，是在一个阳光灿烂、温暖惬意的晴天。被身后的窸窸窣窣声吓了一跳的时候，我们正站在一块向外突出的悬崖边上。有什么黑乎乎的东西嗖的一声从我脑袋旁边溜了过去，速度太快，弄得我一阵眩晕。我还没来得及找回平衡，它又再次袭来，呼啸着掠过静止的空气，在我四周搅起一阵漩涡。这一次，我的眼睛做好了准备，原来那是一只雨燕，正在高原边缘画着令人目眩的曲线，好似一股灵动的水流，在岩石表面上做着急坠和突升的游戏。在此之前，没人告诉过我山上会有雨燕；假如是老鹰和松鸡，我倒不会惊讶。第一眼看到雨燕在悬崖边缘一次次疯狂而欢快地肆意飞舞，这景象让我在讶异中感受到一丝兴奋。凌空的速度,盘旋的快意:所有的一切只是为了抓上几只飞虫!简单的目的和繁复的表演之间的差异不禁让我放声大笑,感觉就像自己刚刚也跳了很长时间舞一样。

奇怪的是,仅仅只是观看雨燕飞翔,竟然能给身体带来与之相似的快感和放松。它们的飞行节奏是如此紧张,连观看者的血液也随之加速。飞翔的魔力成功骗倒了我们,通过视线的移动,我们感觉自己好像也共享了飞翔的过程。我从未拥有过类似在山顶观看雨燕飞翔的这种强烈感受。它们急促有力地猛冲,留下奇迹般优雅的曲线。嗖的一声,它们劈开空气;高声尖叫时,声调几乎不像任何一只真实存在的鸟。这些鸟鸣声使大山的自由和野性变得可闻、可见。

乍看之下,老鹰的飞翔或许不如雨燕那么令人兴奋,却能给人带来更大的满足感。他一圈又一圈地盘旋爬升,在空中缓缓画出对称的轨迹,整个过程跨越了广阔的空间。飙升到弧线顶端之后,他开始水平飞行,路线笔直,动作干净,一切像呼吸般毫不费力。他的翅膀几乎不动,偶尔才懒懒地拍拍双臂,像是缓坡上散漫的自行车手一样,只在极少数情况下才蹬一两下踏板。这只大鸟看上去是在轻松飘浮,不过在这飘浮背后藏有直接而坚定不移的力量。只有当人提到他是在逆风飞行时,这种力量的强度才能彰显出来。有一次,我站在大约两千五百英尺的高度,在一片雪白的一月里,看到一只老鹰在远低于我的位置沿着河谷寻找食物。他一头闯进了迎面而来的大风,双翼略微有些倾斜,不过从我俯视的角度判断,他仍然保持着平稳。志在必得的急迫感背后,正是其力量的恐怖之处。

正是这种双翼平稳、强大、坚定的飞翔,让一位观察员军团的成员(据我的朋友詹姆斯·麦格雷戈所说,观察哨所位于他最高的那片地,我猜他的小农庄是整个苏格兰最高的一座)兴奋地大叫:"这儿有一架我没法识别的飞机!你觉得它是什么?"麦格雷戈看了看,毫不犹豫地说:"他们把它叫作'金雕'。"另一个人回道,"我不知道有这么个东西",此人根本没法相信自己正在看的是一只鸟,而不是一架飞机。就在今天早上,我在距离鹰之王国五十英里、位于迪赛德低处的自家花园里,瞥见了紧贴白云、绕着彼此转圈的三架飞机,而惊讶中的我第一反应就是:"老鹰!"

据西顿·戈登先生所说,他看到过金雕从鸟巢笨拙地起飞,尤其是在气流平稳的时候。我本来想说自己从来没有这种运气,但更恰当的说法应该是,我缺乏那种勤勉和耐心去等待。不过，我确实看到过一只金雕从鸟巢附近起飞，在不远处的石楠丛中降落，再次起飞，再次降落，这一系列动作毫无值得关注的地方。让人着迷的，是飞翔的力量。虽然一开始很可能无法做到，但一旦意识到金雕为了飞翔结合了风的力量——风越大，它的力量也就越大——你就会发现老鹰与大山的关系有多么密切：对大山而言，老鹰就像蝇子草一般必不可少。只有在这里，当强风从荒凉之地肆掠而过，它才能证明自己的最大力量。

要想近距离观察金雕，既需要知识也得有耐心，有时也得有来自好运的馈赠。有一次，就在我快到达山顶石堆界标的当口，一只老鹰从远处起飞，在我头顶扫出一个又一个壮观的圆圈。在此之前，我从未如此靠近众鸟之王。还有一次，我在拉瑞克峭壁靠近布雷里厄赫山的一侧，低头发现了一只展翅翱翔的老鹰，在阳光下闪闪发光。我在山坡附近也看到过一只，当时它正专注于爪子上的什么东西。不过，要想靠近老鹰，可就是一门缓慢的艺术了。在一个春日的午后，我在斯佩塞德这边的拉瑞克小道上漫步，观察着山雀的动向，突然听到身边有个声音问："这条路是去本麦克杜伊的吗？"我朝下望去，第一眼还以为看到了一个十一岁的街头流浪儿。

我反问他:"你要一个人上去?"他回答说:"他和我一起。"转过头,我这才发现了第二个年轻人,看上去瘦瘦高高,脸色苍白,长着粉刺,身上挂满了各式各样的小玩意。这两个人,包括那个看上去发育不全的孩子,可能都十九岁了。他们是铁道工人,从曼彻斯特一路到这儿,想要花一周假期的时间来拍摄金雕。拜托,他们到哪儿能找到一只金雕来拍呢?我跟他们分享了一些我的奇遇。"那你拍过那只老鹰吗?"他们这么问。我明白了,他们读过那些书。这两个瘦弱的男孩读遍了他们能找到的所有和金雕有关的信息,虽说从没来过苏格兰,却也在湖区走过。我告诉他们:"距离是不一样的。明天再去本麦克杜伊吧,真去那儿的话要准备好一整天的时间。"这让我记起加洛韦的一位老牧羊人,我曾经向他打听过去梅里克山应该走哪条山路。他望着我:"你从没上去过?你明白自己在做什么吗?""还没去过,不过我已经走遍了凯恩戈姆山脉。""凯恩戈姆?真的吗?"他用手做了个类似合上吊桥的姿势,很明显没把我的话当回事儿。于是我告诉男孩们:"今天别去本麦克杜伊了,再过四五个小时天就黑了。顺着你们现在的路继续走,能看到迪河之池,或者去拐角处看看雄伟的嘎纳夫冰斗。""那儿有岩壁吗?"他们问,又重复了一遍此行的目的就是为了拍金雕。我再也没遇到过他们,希望我成功说服了他们放弃那天去本麦克杜伊的念头,毕竟我甚至都没去打击他们拍摄金雕的积极性!但我估计,来去无踪的金雕本尊也并没让他们得逞。不过我还是挺喜欢这两个男孩的,希望他们最后遇见了金雕。他们在知情——即便所知不足——状态下展露的热情,正是探索大山的应有方式。

老鹰、游隼、马鹿、山兔,山中鸟兽的迅捷常常会搅动你的想象。它们之所以如此迅捷,是出于特别实际的考虑:这里的食物相当短缺,只有那些能在广阔天地间快速移动的动物,才可能有望幸存。移动中的速度、激起的漩涡和急流,事实上都出自大山本身的需要。而一举一动中的优雅则并非必需。假如这也是必需的——假如它们在如箭一般俯冲时,在兽蹄和双翼划出抛物线的轨迹时呈现出的美感,都源自对功能性的严格遵守——那就更能证明大山的品质了。美并非出于偶然,而是一种必要。

另一种以飞行强劲为特征的鸟——不爱出风头的鸻鸟不在峭壁上转悠,而是活动在高原上。夏日里,你正在斜坡上散步,突然耳朵里传来了一声鸻鸟的叫声。你停下脚步四处打探,却连一根羽毛都看不到。于是你缓缓向声源靠近,不一会儿就能发现一只接一只的小鸟在低空短暂飞行，随后落在地面上向前跑去，像小灰鼠那样蹲在地上。要不是因为它们额上鲜明的黑白两色，以及突起的胸部和白尾羽，你差点儿会以为这就是只老鼠，因为它们的体形、动作和毛色都实在太相像了。只要稍等一会儿，鸟儿们就会忘了你的存在。我在山坡上发现了它们的一个鸟巢，又或许那是它们起飞前的聚集地，搭在不为人知的无名小路旁。我还看到过一大群鸰鸟跑一段儿停一会儿，然后又接着奔跑，它们单调的动作仿佛接受过人为驯养。秋天一到，这群低调的小鸟会径直飞往非洲。

另一种在高原筑巢的鸟，松鸡，非常恋家。对他来说，非洲之旅是不必考虑了。整个严寒的冬天，他都待在出生地，或者朝低处稍作移动，为自己披上雪白色外衣。

松鸡、雪鸫、雪兔为了在冬天里不那么显眼，都会换上一身雪白外衣，却免不了偶尔被大自然捉弄。往往是大雪还没封山，它们就早早变白了。一年的最后一天，蓝远志花在开放，不过假如你在此时看到一只白色的短尾鼬，在黯淡的灰色堤坝上发着亮光，那也一点都不奇怪。自然界再也没有比笔直、耐心地"隐藏"在巨砾旁边的白色野兔更滑稽的了，要知道它可是身处一片灰棕色的世界，白得可显眼了。即使是在雪地里奔跑，如果它处于你和太阳之间，那也可能非常好笑。野兔在雪地上投下古怪而可笑的狭长阴影，由于阴影扭曲了它本来的体形，显得十分滑稽。不过，假如太阳是在你身后，直接照射在奔跑的野兔身上，你就只能看到它的耳朵以及背后那道细细的黑色轮廓了。但如果雪落在田地里，可就根本注意不到它的存在了，除非它突然从雪堆尽头蹿出，周身雪白发亮。有一次，我偶然闯进一处山谷，眼前竟然有二十多只雪白的野兔飞烟似的朝旁边那座棕色山坡跑去。

鹿在雪地里倒是很显眼。在一片纯白的世界里，站在高高的山肩上可以清晰地看到在脚下一千英尺处进食的鹿群，它们像是白色背景里引人注目的黑点。话说回来，它们也不用在游隼和老鹰鼻子底下隐藏自己。实际上，鹿皮在冬季和早春是灰色的，正是积雪、褪色的石楠、杜松和石头的颜色。

松鸡恋家，但这并不妨碍他拥有强有力的双翼。受惊起飞时，他会十分迅速地拍打翅膀，此时一双白色的羽翼不再是静止不动的状态，倒像是在身体周围打造了一圈光环。

和其他猎鸟一样，松鸡也会在入侵者靠近幼鸟时玩弄翅膀受伤的把戏，试图以此引诱敌人离开。这种把戏我见识了太多次，如今根本就不再会去注意母鸟，而总是满怀期待地关注小鸟的行动。有一次，我在布雷里厄赫山山顶附近听到了一只松鸡腾空的声响，紧接着又是一只，我死死地立在原地，两只眼睛寻觅着幼鸟的踪迹。三英尺外，那儿有一只！另一只更近，还有一只更近！我慢慢收回视线，发现有一只雏鸟离我的靴子还不到两英尺！在半径一两英尺的范围内，蜷卧着七只小鸟，一动不动，简直像是用木头雕出来的。我在那儿站了很久，只要我保持静止，它们就也纹丝不动。最终我还是没能抵挡住不断增强的欲望（虽然我总试图克制），想要触摸爱抚其中的某个小家伙。于是我弯下腰，靠近离靴子最近的那只。一瞬间，七只鸟都受了惊动，吵吵嚷嚷地跑开了。和此前雕刻般的宁静相比，这争先恐后的架势可真是既嘈杂又不体面。

雪鸦把巢穴建在紧靠山顶、石头最多的斜坡上。无论歌喉还是模样，这些小东西都呈现出微妙的完美状态，而它们建于恶劣环境下的家园更强化了这种优雅。在大山最荒凉、最孤独的角落静静地坐一会儿，想象力在那里也难敌岩石堆砌的阴森堡垒，此时一只雪鸦却在你身边唱起了无比甜美的歌。在夏天的早上七点左右，太阳刚刚吹散山谷间的晨雾，坐在高高的石头堆上，你会看到石头竟活跃起来，那些小小的石头薄片似乎在空中打转，给人以美食家似的满足感。仔细观察，你会发现那儿有十几只鸟，里头有两只雄鸟，其余的都是他们两家的幼鸟。而雌鸟们，已经开始准备生第二窝宝宝了。

有冠乌鸦遍布整个山脉，这种黑灰交错的家伙是大山里的食腐者。麦翁在巨石上蹦上蹦下，咯咯乱笑，飞往另一块石头时大剌剌地扭动着屁股。白喉河乌在海拔最高的山谷里，一头扎进小溪。假如偏僻的小河边响起了寂寞的歌，那附近一定有金鸻。可我为什么要罗列这么一串名单呢？这么做毫无意义，很多书里也都写过了。但对我来说，它们并非活在书里，而是活在真实的相遇里，活在我们生命彼此交错的时刻。它们存在于远方鹬群的鸟鸣声中，以及视线尽头最后一排树林间山雀那尖细的银质嗓音里。它们是四月清晨的欣喜相逢：循着溪流走过一重重山丘，瞥见一对长尾山雀忽地闪现、忽地消失，然后又再次出现。它们是十二月午后的美妙际遇：十几只迷你的雏鸟在严霜天里从冰冻着的小溪边的树上滚落，小巧的身躯显得不成比例。又或者，是七月间挤在一棵小树上的十三只凤头山雀；抑或是三月里，白雪覆盖的山坡上一对追逐嬉戏的松鸡，在飞翔中划出可爱的痕迹（这是我唯一一次发现松鸡竟也有迷人之处）。它们存在于茶隼交配的狂喜之中，以及某个早晨在杜松林的林间空地发现的战斗中的黑雄松鸡。还有，在我帐篷外那两只夜夜追随彼此的丘鹬，它们依偎在树木低处的枝丫，就在静卧着的我的头顶上方。

还有那么多被我遗漏的可爱生物们！我略过了太多精致的花朵，比如像白玉般永恒的仙女木，摇曳如烛火的沼兰，以及有墨绿红花蕊的山茱萸。同样，我也没有提到黄色和杂色的鹡鸰，"乐队"里严谨的芦鸦大人，从水底跃起的海鸥和蛎鹬，还有交喙鸟、燕雀和鹪鹩。提到鹪鹩，我必须多说几句。如此小巧，如此有活力，鸣声又如此响亮！这么说可能未必与事实相符，但依我的经验，迪河这一侧的鹪鹩要比斯佩河那边多。在高处的支流河谷，比如科伊赫峡谷和斯卢根峡谷最深处的树林里，鹪鹩和小米草一样随处可见。峡谷里躺着一棵树的骨架，体积庞大而狭长，所有的枝丫挨着地面，树干像脊椎骨一样隆起：这是狂风过境的绝佳印迹。透过它瘦骨嶙峋的肋骨，一个有九只小鹪鹩的家族忽闪忽现。还有一次在斯卢根峡谷，一对（看上去像）金色的熊蜂以欢快的速度从我身旁呼啸而过。但那不可能是熊蜂啊，体积也大太多了！我尾随其后，这才发现原来是两只小鹪鹩。

在那棵狭长的树旁边，我看到过一只巨大的鸟扑扇翅膀沿溪流而下，体形如此巨大，我只能凝视。它盘旋飞行，继而消失不见。双翼之庞大，令人难以置信。然而这一切确实是我亲眼所见。随后它飞了回来，这一次是逆流而上，那双翅膀看上去依然非常宽广。我看不到它的躯干，两只翅膀之间几乎没有任何联结物，就好像终于有一种鸟发现了如何摆脱躯干、仅存羽翼。最后，我终于发现了真相。那两只翅膀原来是两只紧紧相随的鸭子，有规律地一起旋转、下沉、起身，彼此之间保持着恒定的距离，追随着对方的每一次动作调整，简直就是同一有机体的两半。

大雁在这儿只是过客。某个狂风大作的十月天里，我看到一支由二十七只大雁组成的鸟群向南飞去，它们摆出对称完美的箭头状队形，飞过我所在的山谷。当时我正站在这个幽深山谷的尽头，头顶之上就是急剧上升的分水岭。上面的风一定非常凌厉。而雁群此刻正在那里冲刺。它们打破了队形，有些从楔形的一端飞向另一端，领队有些犹豫，于是换了另一只重领鸟群，先前那种可爱的对称被打乱了。看上去大风正在逼迫它们后退，由于整个队伍现在缺了锐利的前锋，到处都是棱角，大雁们交替领队，直到慢慢绕过峡谷上方，沿原路返回。

我望见它们飞进煤灰色的云团，拖出波状的线条，就像水里游动的鱼。黑色的线条渐渐融入暗沉的云，我再也看不出它们在哪儿、又是什么时候恢复了队形和方向。

目击非同寻常的事物是种诱人的体验，但并不包括看到结局。一月里的某个下午，我在一片冰封肃穆的世界里发现了两只牡鹿，鹿角交叉，在上冻的山谷地表来回拖拽着对方，发出响亮的摩擦声。白雪之间，两具黑色的躯体尤其显眼。我一直站在那里观察，直到黄昏降临，再也看不清对面发生了什么，而扭打的声响依然不绝于耳。这是我唯一一次亲眼看到鹿角相抵的景象，由于此前总听人说这种情况下牡鹿无法脱身，只能战斗到你死我活甚至双双丧命，我特别期待看到最后的结果。第二天我折返回去，却连一只牡鹿都没看到，不论是死是活。据我拜访的那户人家的农民向导所说，它们大概是折断了一只角才挽回了性命。

牡鹿的叫声为我设下另一重问题，至今没有找到明确答案。在十月中旬某个生机盎然的日子里，天空染上了威士忌的金黄色泽，我漫步在布里克湖上本埃文山的山坡。突然，我被一声响彻山间的叫声吓了一跳，从另一个方向立马传来了相似的回应。一定是有人在交替使用真假嗓音，我想。这声音里洋溢着无比欢快的感情，我好奇地四下张望，心想：这肯定是两个精神饱满的学生在互相欢呼。可我一个人影也没见到。清脆而悦耳的声音再次响起，持续了一整天的时间。没过多久，我意识到山里根本没有其他人，声音的来源其实是牡鹿。这种清脆悦耳的旋律对我来说非常新鲜。此前我听过很多次牡鹿的吼叫，声音低沉而且刺耳。字典想让我相信啼鸣不过是吼叫的变体，而在我自己的字典里，它将永远和那个金色的日子相连。听了那么久，我连一个刺耳的音符都没发现。

但，为什么呢？这令我大惑不解。为什么有时刺耳，有时又像银铃一般清脆？我问了一些山里人，他们给出了不同的思路。有人说，悦耳的啼鸣来自幼鹿，刺耳的吼叫来自老鹿。也有人持反对意见，根据一个猎场看守的故事，某个狩猎队队员声称自己听到的粗哑吼叫声一定来自老鹿，可真正抓住它时却发现是头相当年幼的小鹿。这些人认为，声音的变化是为表达不同的需要。不过，那一天两只牡鹿在我耳中轮流吟唱的歌声似乎无法证实这一理论，它们在山谷间的一唱一和也未免太整齐划一了。还有一些人认为，牡鹿和人类一样，嗓音有些高亢，有些低沉。假如真是这样的话，那天早上在山间合唱的难道都是嗓音高亢的牡鹿吗？究竟是因为同是幼鹿，还是因为都是男高音呢？还是说，它们都爱上了那个清晨？

通常说来，鹿群十分沉默，不过一旦受到惊吓，它们的尖叫声就和疯狗没什么两样。我曾经在很远的地方就听到山坡上响起了这么一阵警告声，这才发现那儿有一群鹿。它们立马跑开，飞一般地爬上山，消失在地平线外。鹿群沿天际蔓延，像一条规律串联起母鹿和小鹿的丝带，又像一片鹿角翻飞的森林。当它们弯下长脖子觅食时，就像一群啄食的鸡。这些灵活的脖颈有时会让人产生离奇的想法。我看到过五条脖子蛇一般摇摆着升起，每一条上面都有一个像蛇那样的小脑袋，而躯体则隐匿不见。这是五只雌鹿。其中一只转过头看我，她扭动着脖子，直到她的脸看上去悬空般浮在臀部旁边，一种原始的恐惧在我内心被唤醒。飞鸟、走兽、爬行动物——鹿的身上似乎兼备了所有的特征。它们在奔跑时像鸟一样流畅。尤其是狍子，那些非常年轻的狍子身上带有斑纹，四肢似花朵的梗茎般细长，无比轻盈地在石楠丛中奔跑。看上去，它们似乎腾空了；实际上，它们的动作在某种程度上比飞翔更加美妙，毕竟每一只闪闪发亮的鹿蹄都真切地触到了地面。四肢舞出的动人图案与大地紧紧相连，难以脱离。

的确，有些时候大地似乎会召回这种空气与光芒的造物。它们会融入森林——即便我长时间盯着某片桦树林，知道里面立着一只母鹿，也没法确认她的具体位置，除非她终于抖了抖耳朵。十二月的某一天，我走在空旷的石楠丛中，发现自己正慢慢靠近一只进食中的红色母鹿；她的毛色实在和背景太像了，让我错把那条白色的短尾看作了另一堆雪。她注意到了我，立起双耳，猛地昂起头，拉长了脖子。我一动不动立在原地，不久她低下了头，再度与大地融为一体。在山坡更高的地方，你能看到一只小鹿正和妈妈学习技能，严格模仿着她的姿势，在她扭头时也机警地扭过头。

不过，如果是在偏僻山谷里找到一只落单的小鹿，你会发现，他才不会像妈妈那样耐心。你不动，就很难让他动起来。在第一次受惊跳到山谷深处之后，他会立在那里盯着另一边的你看；假如你保持绝对静止不动，他会慢慢放松，偶尔又抬起头望望你，偶尔望望前方，抽搐一下耳朵，翕动一下鼻孔，最终掉头走远，像个不情不愿却又充满好奇的孩子，三步一停向后张望。

我认识的一位年轻医生曾经看到过雌鹿分娩，我从来没有这种美妙的好运，不过我也发现过被母亲丢在石楠丛石头边上的小小的幼鹿。那一天，我离开小道去探访山中的一汪湖泊。一种神秘的力量驱使我绕过山湖，跋山涉水，继续向下面那片石楠丛生、人迹罕至的斜坡行进。通过眼睛的余光，我注意到两三只匆忙跑开的母鹿；不一会儿，我在一块石头边发现了一只蜷缩在石楠里的幼鹿。她躺卧的姿势奇怪而僵硬，四肢扭曲成不自然的状态。她会不会已经死了？我弯下腰，特别轻柔地摸了摸她。身子还是温热的。原本扭曲的四肢在我手中像流水一样散开，小家伙儿没露出一丝生命的迹象。她的脖子伸长，僵硬而笨拙，脑袋几乎藏了起来；双眼盯住前方，目不转睛；只有腹部还在有规律地上下起伏：除此之外，一切静止。没有任何自发的运动，连一个抽搐和颤动的小动作都没有。这是我第一次看到装死的小鹿，原来就和装死的幼鸟一个样子。

假如你碰到落单的小松鼠，就会发现他和那只独自外出被你撞见的小鹿一样，不太警惕人类的存在。我在冷杉树下遇到过一只成鼠大小的小松鼠，欢快地在一只又一只松果间跳来跳去，轮流捡起脚边的果子，仔细查看、取样，然后抛开，带着一种玩具太多的小孩子身上常会出现的任性和脾气。他注意到了我，停下动作，望了望我，又望了望他的松果。贪婪与谨慎在他内心交战，而我一直保持不动，不久他就放松了警惕，继续在自己的好东西堆里游戏。每当他停下来咀嚼食物，我就向前移动几步。最终，我离得太近，他突然受了惊，朝一棵巨大的老松树跳去。树皮实在太厚、太结实，他那小胳膊小腿儿差点儿没抱住，一时站不起身。随后，和他金红色毛发的父母一样，他猛地伸开毛发还不太浓密的丝带状细长尾巴，徒劳地爬起那块巨大的树皮。终于，他爬了上去，跑到侧面的树枝上，一脸得意地冲我讥笑。

其他的小东西还有：包裹在柔软毛发里的小野兔；阳光下在远处山丘上嬉戏的狐狸崽；长着肥硕的红色尾巴的狐狸；低处树林里拿尾巴敲打树干，透过紧闭的双唇（我猜）对入侵者絮叨个不停的红棕色松鼠；石楠丛中的金棕色蜥蜴和金褐色蚕茧；小小的金蜂和蓝蝴蝶；绿色的蜻蜓和翡翠色的甲虫；油纸似的飞蛾和焦纸般的飞蛾；在海拔最高的湖上自在滑行的龙虱；难以目击，却在雪里留下了成千道痕迹的小老鼠；阳光照射下，随白桦树枝和松针摇曳发光的蚂蚁群；成千上万的蠓虫、蚊子、苍蝇，以及宽蛇和某种罕见而奇特的无足蜥蜴；像投掷游戏里的筹码一样跳跃的小青蛙；众多胖胖的毛茸茸的棕色毛虫，带着紫色斑点的绿色肥虫，是石楠里的完美伪装；以及好多好多其他的伪装大师。

这儿可不只是绵羊的国度，它们的领地被让给了鹿群，而今天有个地区又把鹿群的地盘让给了高地牛。对这些温驯而有节制的野兽而言，有寡淡的食物就够了，它们蓬乱的毛发在刺骨寒风中提供了保护。这些牛看起来凶猛，实际上却很温柔，这一点与某些黑脸的母羊类似。每座山的羊群里都有几只恶魔化身的巫婆，这些阴沉的老恶人黑黢黢的头上长着腐烂的羊角，我猜苏格兰人口中"魔鬼"的概念一定发源于此。

第九章

生命：人类

在这片高原上，很长一段时间以来一点动静都没有。常常是走了一整天也看不到任何东西，连一丝生命的响动都没有。有一次，在某个荒凉的冰斗里，石头滚落的声音暴露了一群牡鹿的行踪。但在这高处，没有动静，也没有声响。人类离这儿大概还有千万年远吧。

然而，当我环顾四周，不禁被人类存在的众多迹象感动。它们存在于一个个石堆纪念碑里，标记着山巅、小径、人类葬身之地和河流发源之地；它们存在于道路本身，甚至在巨砾上也能发现石器时代的人留下的踪迹，比如拉瑞克赫鲁隘道顶端的那条路，在历经风化、布满青苔的棕灰色石头上发亮，红得好像刚刚形成一样。它们存在于溪水间的垫脚石，以及低处峡谷的桥梁；存在于本麦克杜伊山上耐心安置的指示器，由此收集而来的山脉各项信息被置于人类股掌之间；也存在于几英尺之下的一处木屋遗址,十八世纪六十年代的全国地形测量员在此度过了一整个季度。一位老人告诉我,测量和检查数据时,他们曾经在山谷里看到灯光从一座山顶闪到另一个山顶。人类的踪迹还凝缩于我手中的地图和指南针,存在于地图里记载的名字,那些古老的盖尔语显示出人类与陡崖、冰斗的联系自古有之,比如"瘦人之子的湖""皮匠的冰斗""挤奶女工的牧场"和"猎犬峭壁"。它还存在于猎人的藏身洞穴,比如埃尼亚赫峡谷上方杜乌悬崖的阿盖尔之石,肯纳珀尔石堆里的狭窄裂谷"猫之巢穴";此外,还有"盗贼之路",从奈斯向南穿过史前冰川溢出的缺口,途中路过肯特树(如今已被砍伐),谨慎的地主在上面绑着几只牲畜作为过路费。湖水外溢处的水闸,河流岸边的石灰窑残迹,如今缺了屋顶的牧羊人小屋,以及只剩下三角烟囱的茅屋——人类活动在这些地方随处可见。埃文河上的庇护石在支撑着高处巨石的基石移位前,下方的空间还不像今天这么狭窄,一度被认作有三十多位成员的某帮派的老巢;那时的空间还足够宽阔,能容纳六人躺卧,这些人和其他几百人的名字都被记录在一本裹在防水材料里的书中,被洞穴庇护至今。

在新近这些日子里,人类留下了明显到令人不安的痕迹，大山里散落着失事的飞机残骸。二战期间，太多飞机（大都是训练用机）在此坠毁，没人想要一一记住。早些时候就有粗心大意的人在穿越涨潮的溪流时溺亡，或是在向上攀爬时不幸坠崖；这批陌生的来客和他们的前辈一样，低估了大山的力量。平坦宽广的高原顶端会给人一种低矮的错觉，而薄雾又会在倏忽间将其笼罩，山顶常常被裹在云里，随后下起倾盆大雨，甚至飘起雪来。山顶下的世界又是另一番景象，明媚的阳光骗倒了人类，把他们残忍地引向山石。有一天，我在"猎犬峭壁"听到了飞机引擎的声音，下意识地昂起头张望，过了一会儿才意识到声音来自下方。一架飞机正缓慢而稳妥地飞越赫鲁湖，这条深长的裂缝将高地一分为二。我站在远比它高的位置，飞机的翼尖看上去像在贴着一块块石头前进。我明白这不过是自己的幻觉，机翼一定有足够的伸展空间；下面那些驾驶飞机的男孩所经历的，一定和从拱桥下方或是长江三峡通过的飞行员一样。不过，如果雾气突然降临，峭壁之间的通道可就会变得非常凶险了。即便只是在飞机通过拉瑞克所需的短暂时间里，也足以让迷雾落在这片变化迅速、难以预测的区域。我在第二次爬本麦克杜伊山时有过亲身体验：蓝天之下，云团冲上山岭，世界顿时陷入混沌。

那是一个六月里的完美清晨,我和两位绅士驾车去德里旅馆,抵达后他们却决心马上回布雷马;这发生在另一辆载有四人的车到达之后,来者显然是奔着本麦克杜伊山去的。我立刻上前搭讪,请他们晚上回去时再把我捎带到布雷马。我打算散漫地跟着他们,将他们保持在可视范围内,但不加入队伍。他们答应了我的请求,于是我转身跟之前的同伴们告别。等我再回过头,那四个登山客已经消失了。我赶紧追上去,沿着溪边散布的松树穿行,却没能赶上,只好进一步加速。终于,我穿过了树林,但放眼望过前面的荒凉山谷,却还是看不到一个人影。四个人竟然能走这么快,完全消失在我视野以外,这真是让人难以相信,毕竟我自己的步子已经很快了!谨慎之心——此前我只爬过一次凯恩戈姆这里的山——告诉我该停下脚步等待,我开始猜测自己是不是已经超过了同伴。可是我等不及了。这可是碧空万里的六月,而我当时又那么年轻。什么都不能阻挡我的脚步。像是突然迸溅、舔舐山石的火焰,我奔跑起来。艾切肯从雪下奔涌而出,山巅犹如一杯美酒。一瞬间,我清楚地看到成千个山顶,在阳光下光芒闪耀。接着我在遥远的南方发现了海浪般的云墙,它迅速推进,一分钟之内就遮没了成百座山峰,很快连我所在的地方也将被它吞噬。我匆匆环顾四周，试图确定自己的方位，然后朝荒废的测量员小屋飞跑过去，从那儿到艾切肯冰斗的道路都有清晰的石堆标识。然而，我还没到就已经被大雾笼罩。整个过程，从第一眼瞥见云团到它将我吞噬，仅仅花了不到四分钟的时间。又走了半英里，我坐在路边的浓雾里喝茶休息，这才发现那批走散的同伴还在上山的路上。还有一次我坐在山顶石标旁，在万里无云的天空下凝视着山巅与湖泊，我发现自己没法叫出某些地方的名字，于是俯身在地图上搜索。再抬起头时，天地间独留我一人，伴着几块红色的花岗岩。迅猛是山雾最致命的特征之一，在偏僻山角生锈的飞机残骸正是这一可怕力量的明证。

人类的印迹也体现在对动物的影响上。他把雪鹀赶出筑巢地，将北欧雷鸟放逐之后又将其从国外引回；他连松鸡都予以保护，却又摧毁了游隼；他照料着马鹿，与此同时试图灭绝野猫。事实上，人类维持了马鹿的生存价值，它们占据着这座山及其周边峡谷范围内人类经济的核心地位。有迹象表明，这种经济正一步步垮掉。我对射猎庄园的经济模式无甚好感，我也知道只动动手腕是不会将其终结的。假如人类停止猎鹿，鹿群反倒可能从山上消失；假如放任不管，它们可能还会退化。人类从石楠手中夺来的农场和小牧场因不懈劳作而持续高产，这种主客之间的界限可能由侍从或陪同看守人的附加工资决定。假如没有那份额外工资或其他形式的补偿，山上的农场大概早就又被石楠抢回了地盘。

这些农场、牧场和猎场小屋孕育出许多有个性的人们，他们我行我素、坚韧不拔、聪颖过人，同时也充满偏见和怪癖，以及重口味的幽默感。这里的生活艰难酸涩，但很少能杀死大家骨子里的优雅。最优秀的是那些技能等身的人，他们擅长自行满足需求，在本行内知识渊博，对许多行业外的事物也充满兴趣。这些人并非卑躬屈膝之辈，但会尽力避免激怒领主；他们为人正直，虽然大部分人心中的上帝形象近乎"那边那个家伙"*；他们热情好客，不过从来不是那种无意义的礼貌客套，而是对真正重要的事情保持着冷静的把握。当然了，也会有例外，这也并不奇怪，哪个地方没有例外呢？有"不愿和任何人分享冷杉球果"的男人；有"紧盯着我光泽闪亮的水壶"的女人；当然也有无论你想要与否，都硬

---

* 此处应是作者联想到苏格兰诗人罗伯特·彭斯（Robert Burns）的著名作品《不管那一套》（*A Man's a Man for A' That*）中的诗句："你瞧那边那个叫做老爷的家伙"（摘自王佐良译《彭斯诗选》，人民文学出版社，1985 年）。

要给你杯子里加糖的慷慨之举,好让你"去掉茶里的涩味儿"。

这儿的生活没多少闲暇时光,工作常常从一个夜晚持续到下一个夜晚。八月割草晒干,运气好的话十月收获燕麦,但这些作物也有可能到圣诞节了还歪歪斜斜地立在田间,在被雨浇透后发黑变暗。在你发现之前,牡鹿可能已经在某个晚上闯进农场把正在生长中的庄稼糟蹋了个遍。农场主的妻子没法参加一月份兄弟的葬礼,因为这个时候奶牛的奶水开始变少,假如陌生人偷挤了奶,它们甚至可能完全停止产奶;这么一来收入可就泡了汤,连家用的牛奶也得另买了。除非农场主自己心灵手巧,从山里把水引到了家,否则只能跨过积雪和污水,到井里打水;但即便如此,到了严酷的冬季也得小心照管,才能保持供水。

不是所有地方都有井,假如房子周边没有泉水,就得费尽辛劳、翻山越岭去溪里取。人们仍然用着几百年前的方法洗衣服:走到河岸尽头,直接在溪水里洗涤。起风的日子里,偶尔会看到缭绕的烟雾和闪烁的火星;走近一看,原来是溪边的庇护所里架起了一口大锅,女人们正围着它忙活。

在这些山间的角落,满足基本需求的方式依然缓慢、费力、因人而异。从井里抽水时,你和那一汪闪闪发光的井水之间再无其他,甚至连个水泵都没有;此外,你还得从树林里收集树枝,一一折断,自己生火架起水壶,但所有这些简单的行动都能带来深深的满足感。不管你有没有认真思考过,你都是在触摸生活,而你内心是知道这一点的。当我弯腰把水桶伸入井中,一种巨大的满足感涌上心头。不过同时我也意识到,这种生活方式放缓了生活节奏;假如每天都得这么做,我就必须放弃其他活动和兴趣爱好。因此,我能理解为什么年轻人会不喜欢这种生活。

但也不是所有年轻人都想逃走。事实远非如此。有些年轻人深爱着这片狂野的土地,除了在此度过一生外别无他求。他们继承了父辈的技能,有时还将其拓展。当然也有焦躁不安的年轻人,他们厌恶原始的生活条件,鄙夷缓慢而古老的生活方式,对这种生活的赞美在他们看来不过是感伤主义的忸怩作态。这些人离开大山,但没有放弃在山里习得的技能(至少有些人保留了下来),他们在外面的世界学会了如何在自身的良好基础上嫁接其他各项新技能。不幸的是,很多人追求的是一份白领工作,因此失去了父辈流传下来的多面手特质。人性一向多元,新一代与老一辈概莫能外,后人也将继续如此。和世界上任何其他的地方一样，山里的生活交织着爱与恨、嫉妒与柔情、忠诚与背叛，以及许多平平淡淡的幸福。

山里人接纳了大山的爱好者们，允许他们共享自己的房屋；这种好意不附带任何仪式性，将来客视作完全平等的个体。你完全可以自由来去。在北风呼号的冬夜，客人可以守在厨房的壁炉旁边，而护耳软帽上积满了雪、刚从牛棚回来在门口跺脚的主人对此并不介意。不管他们是否热爱大山，都会尊重你对它的热情。有人坚持认为住在山边的人不爱大山，对此我难以苟同。我永远不会忘记那个男孩脸上的光芒，他刚从战场上回来，和父亲一起在贫瘠的高山农场里劳作。我问他："所以说，你觉得是意大利好呢，还是苏格兰更好？"他甚至都没有回答这个问题，至少没有通过语言给我回复，但他侧过头看了看我，几乎没有停下手里的活儿；我注意到他的脸亮了起来。山里的女人从不四处游荡。她们进进出出，一天到晚都有事忙；虽说不爬山（确实，哪有那份时间和精力呢？），还是会看着眼前的山峦。那些"赏景即肉欲"的陈旧说法，在高地生活中并不存在。一个猎场看守的妻子说，"除非是为了参加葬礼或者发生了什么大事，我根本不会出门。"不过，在还年轻的时候，她也是个在山里四处疯跑的姑娘,至今她的语言还保存着大山的部分野性。即便是在同一个屋檐下,个体之间也存在差异。有一对姐妹从小生活在大山外围,其中一个说,"你念叨的那些山对我毫无意义,我天天看,已经看够了。"另一个却可以连续几个星期待在同一个高原的小帐篷里而不感到厌倦。来自布雷马的老詹姆斯·唐尼是我认识的最真诚的大山爱好者之一,他和人握手时带来的那种庄严的仪式感,奠定了我在本麦克杜伊山第一天的基调。唐尼曾经做过格莱斯顿*的导游,这位英国政治家当时决心拜访迪河之池。要知道从布雷马到那儿的道路,虽不坎坷却很漫长,除了拉瑞克赫鲁山谷那侧,其他地方都走不通,而众池位于山谷顶端的下方,要想获得能看到斯佩塞德和远处山脉的宽广视野,必须在巨石堆里再爬半英里。到达之后,格莱斯顿拒绝向外再多迈一步。作为被雇用的一方,唐尼不得不也就此止步,这成了他一生难以原谅的缺憾。四十年后,当他向我讲述这个故事时,愤懑之情依然溢于言表。

然而,虽然山里人允许外人来爬山,对夜间潜行、

---

* 格莱斯顿(William Gladstone, 1809—1898),英国政治家,曾作为自由党人四次出任英国首相。

露宿野外的行为也持容纳态度（照他们的话说，睡在户外"就像生活在一个缺门少窗的马车棚一样"；而当我们确实在某个下雨的夏夜把露营床搭在了马车棚里，他们对我们可真是极尽嘲弄，一点儿都没想掩饰爽朗的笑声），却毫不容忍那些不负责任的行为。对于冬季强行登山的行为，他们唯一的态度就是谴责。这是因为他们对其中的危险再清楚不过了：暴风雨可能在大晴天里突然爆发，黑暗会迅速降临，高原上的飓风也拥有令人生畏的威力。谈起那些无视警告、将生命视同儿戏的年轻傻瓜，他们的语气饱含现实主义的愤怒。但如果真有人走丢了，他们一定会出去援救，在恶劣的天气状况下仍充满耐心、信念和技巧；即便走失者已经没有生还的可能性，他们也会继续坚持寻找尸体。那时你才会发现，原来身边的商店店员、铁路办事员、守卫和锯木工都可能是经验丰富的登山者。通过与在山上偶遇的人们交流，我意识到大山确实对所有人都一视同仁，大家都被那种超脱的快感俘获了。我和不期而遇的各种人攀谈，其中有位形容憔悴的古王室后裔（至少他看上去像是），鹰钩鼻，膝盖看上去尽是骨头，他突然从本麦克杜伊山上的一团云雾里出现在我们面前，苏格兰短裙和高地斗篷在雨中翻飞；也有红头发的长发飞车党，年长的鼹鼠捕手，以及一名来自格拉斯哥的商店跟班小弟。

大山孕育出许多性格坚忍而粗犷的人物，他们的家族世代居住于此，但从我第一次到这儿至今，他们也慢慢消失了。比如卖花岗岩的麦琪·古鲁尔，她体型匀称、颇有棱角，言语诙谐、必要时颇为辛辣。麦琪热情好客，随时准备好了应对紧急情况，将生活拾掇得既有生机又有热情；正因如此，麦琪家的粥对大家来说可不仅仅只是食物。白天或是黑夜，对麦琪来说都是一样的；不管是楼梯平台、棚屋还是其他任何一个可以睡人的地方，只要登山者愿意，麦琪一定不会拒绝他们借宿。同样，为了给连夜赶路到凌晨一点的女士腾出空床，麦琪也会毫不犹豫地赶走某个好不容易才睡上一个安稳觉的男人，尽管这是他那具疲惫躯体许久以来的第一次欢快释放。还有矮小结实的詹姆斯·唐尼，他自始自终都喜欢站得笔直，行为举止尽显山区居民的尊严。唐尼喜欢讲各种故事，主角可能是王子、政客或教授，他会用自己的山里功夫来衡量他们；故事的主角也可能是拖着有层层内衬的长裙、在他指导下登山的首批女性；或者是从沉默寡言的牧羊人那里为她们招来的小马，那家伙躲在自己的棚屋，没有帮忙安置这些"女士"。"我希望你们能在小马上坐好。"这是他下达给这群女登山员的强制要求。这个老头的本性确实有些严厉而倔强。他讲的有些故事非常风趣，可他自己却并不怎么大笑。冰斗的那份庄严宏伟已经侵入了他的灵魂。在他身上找不到一丝温柔或恋家的影子，这个老单身汉选择住在自家农场的茅屋里，把房子留给了姐妹们。他的侄媳妇曾经向我吐露："那个人对牲畜并不温柔……老天，有时候他可是相当残忍。"唐尼还在世的时候，我最后一次去拜访他的农场，他坚持一路帮我提包到公共巴士站。我试图抗议，却受到了很久以前那批女登山者一样的待遇。"我再也做不了这个了，"他说，"我也不会再见到你。"几个月后，他去世了。

接下来还有盛气凌人的桑迪·麦肯齐。我认识若斯墨丘斯的这位猎场看守时，他已经是个精力衰退的老人了，得在太阳下面温暖他的身子。桑迪的第二任妻子大玛丽在那之后又生活了很多年，死于九十高龄，虽然处于半失明状态，精神气依旧十足。玛丽高大枯瘦、弓腰驼背，多年来河边的篝火将她布满皱纹的皮肤熏得黢黑，蓬乱的灰发在风中乱飞，双眼里有种神秘可畏的神色。我最后一次见到她时，继女已经把她带出了那个我常常借宿的偏僻小屋，为她洗净了一头灰白色的乱发，擦洗了她的双手和指甲；由于没法再举起大斧或是拖动地上的冷杉树根，那双手已经变得绵软无力。继女给她穿上了一身整齐的黑色衣服，再围上一条白色的蕾丝披肩。这个转变让我大吃一惊，她看上去太精致了，像是一道风景，但那个朴实率真、脾气暴烈的玛丽才是更真实的她。她属于那里，这一点她自己也是知道的。"我从来就没有管家的天赋，"她告诉我，"我最喜欢户外的工作，还有照顾那群牲畜。"独自和垂垂老去的丈夫一起生活时，她就用母语盖尔语和母鸡、老马、奶牛说话。丈夫死后，奶牛被带到荒原对面的农场。"千万别再来更多怀特维尔的奶牛了，"负责挤奶的女人说，"我们没时间跟牛絮叨，难道不说话它们就会少产奶了吗？"

有时，视力会让她失望，孤独感随之步步紧逼。她对其他人的生活兴趣满满，书本已经没法满足她的需要了。她抱怨说："等我听到新闻时，它早就是陈年旧事了。"她还反复思考、不停嘀咕这些消息，比如"她是个臭丫头"；提到某个痴心汉，"他连日光都看不到，却能看穿她的身体"；说起某个鳏夫，"失去玛丽后，他变得沉默了"。她的农场一年中总有几周会被我们霸占，而她就和我们一样开心，戏弄我们，跟我们一起开玩笑。虽然她对我们生活的每一个细节都表现出热切的兴趣，但绝不会无礼打探，她明白沉默的含义。到了我们将要离开的那天早上,就在我们拾掇炉灶和煎锅、整理睡袋和野营床的时候,玛丽会为我们烧好最后一杯茶。炉火在露天烟囱下噼啪作响,她的眼里已经涌上了泪。她对人类、对人类生活中的各种怪事,充满了难以平息的渴望。不过,当地主真给她提供了另一处村舍里的几间房,虽然地势低洼、房屋封闭,但四周有人相伴,她却一个都没选。俯冲而下的荒原、光芒闪烁的峭壁以及环绕着住处的清冽空气,令她不由自主地依恋。我很高兴她是在自己的房子里离开人世的,前后两个冬天都有朋友陪伴。九月下旬某个阳光灿烂的日子,我刚刚在阿维莫尔下火车,就看到了我的朋友亚当·萨瑟兰,他是一名守卫。"你知道发生什么了吗?他们一点钟要送大玛丽下葬。"我走了两三英里,及时赶到了河边林地里古老而潮湿的墓园,跟着抬棺的人们从大路下来走上一条又长又湿的小道。有人(祝福这个人)为她准备了一个花圈,用的石楠、花楸浆果、燕麦、大麦和杜松都是玛丽生前每天接触的东西。附近葬着法夸尔·肖恩,他是著名的宗族之战的幸存者,曾经给邻居们带来了不少麻烦;在他死后,为了把他牢牢镇在下面,人们在单调的墓碑上堆了五块硬邦邦的巨大干酪石。我愿意相信她之所以葬在肖恩附近,是因为她从本质上讲和他一样强大、不容小觑。

的确，和肖恩一样，她也惊扰了自己的邻居，虽然程度上可能要小一点。倒不是通过什么邪恶的方式，因为她对大家没有恶意。不过，她是个严厉的人，而严厉有时会给人带来伤害。玛丽和奥尔德·尼克一样顽固，只有上帝（他们是这么告诉我的）才能阻止后者做他想做的事情。我毫不怀疑玛丽曾给生活中有过交集的人们制造了各种问题，但她也有自己特有的正直、丰富而慷慨的一面。提到她就会让人想起桑丘·潘沙，为了继续跟在主人堂吉诃德身边，他努力寻找各种理由，比如"我只能这么做……我吃了他给的面包；我爱他"。

至于依然活着的人们，在探索大山的过程中为我提供过指引与庇护、一路陪伴着我的朋友有很多，我必须在此写下一些名字[*]：怀特维尔的另一个麦肯齐家族，老桑迪一家；来自塔洛克格鲁夫的麦肯齐家族；最需要特别提及的是亚当的妻子萨瑟兰夫人，她本姓麦克唐纳，这位深深扎根于此的女性如同太阳一般慷慨，在四分之一个世纪里一直热情地期待着我的来来去去；还有詹姆斯·唐尼的侄子吉米·麦克雷戈和他妻子，感谢上帝赐

---

[*] 这些人里，除了桑迪·麦肯齐的女儿凯莉，如今都已去世，但他们的后代仍然生生不息。——作者原注

予我如此友善的朋友，住在靠迪河一侧的他们和住在斯佩河那边的萨瑟兰一家，都大方地给了我进出他们家的特许权。

这些人是大山的骨头。随着生活方式的变化，一种新的经济体制正在重塑他们的生活，也许他们也会随之改变。然而，只要他们还生活在这片狂野的土地附近，受制于这里独特的气候，山的性格就会渗入他们的性格。他们的身上将永远保留山的印记。

第十章

睡眠

我已经对我的山做了探索,领略过它的气候、它的空气与光芒、它的潺潺溪流、它的幽深山谷、它的山巅冰斗、它的花鸟走兽、它的雪以及它幅员辽阔的土地。年复一年,我对它们的了解日益加深。但要我说出有关大山的全部真相,就必须也算上参与其中的我本人。我一直是自己借以理解周遭事物的工具,而如何管理自己这个工具则需要长久的学习。各项感官都有赖于训练与规范:如何用眼去看、用耳去听,如何训练身体协调移动。我会教给身体许多技能,以此来探索山的性格。而其中最引人注目的一项,便是沉默。

没体验过夜宿山中的人,算不上真正理解大山。滑入梦乡的过程中,大脑会趋于平静,身体渐渐融化,只剩下知觉尚在运转。思绪、欲望、记忆一律停止,整个人就这么沉浸在与有形世界的深入接触之中。

入睡前这些静默感知的瞬间,是一天中最有价值的时刻之一。卸下所有的执着,我和天地之间再无阻隔。仲夏时分,午夜早已消逝,北面的光却依然闪亮。放眼望去,天光倾泻在穹顶下默然耸立的群山,它们的棱角变得更加清晰,直到其中柔软一些的线条渐渐变得虚幻,仿佛只剩下了光芒本身。在离开地球上所有其他的地方之后,光依然徘徊在这片高原的深夜深处。看着它,大脑也变得明亮而炽热,直到光芒慢慢收敛,方才遁入深沉宁静的睡眠。

日间的睡眠也很不错。日头最盛的时候大大方方躺在山间的阳光里,睡睡醒醒,补上一个清晨早起的回笼觉:这是生活中最惬意的奢侈享受之一。在山上入睡,醒来就能收获美妙。从睡眠的一片空白里回过神,在陡崖边的隘谷里睁开眼,由于忘了自己身处何方,不禁有些迷茫;在这个时候,你会重新找回平日里难以品味的原始的惊奇感受。我不知道这是不是普遍经验(跟我平时的睡眠相比自然是不寻常的),但假如是在户外入睡,也许是因为比平常的睡眠更深沉,我在醒来时总是处于完全放空的状态。虽然用不了多久又会重新意识到自己的位置,但在那个受惊的时刻,熟悉的地方会突然焕发出新的容貌,仿佛我此前从未见过一样。

这样的睡眠可能只会持续几分钟，但即便只有一分钟，也足以解开记忆的锁扣。我有一个天马行空的猜想：也许山里的某位幽灵或是化身意图吸走我的意识，好让我能够在放下一切的空白状态下见识到最真实的大山，而这种赤裸裸的恐惧感在其他条件下难以企及。我不会把感觉归因于大山本身，但我确实没在其他任何时刻有过如此沉入生命的体验。这一刻，自我彻底释放。正因可遇不可求，这种经历愈发显得弥足珍贵。

凌晨四点出发，就能享受好几个小时这样的静谧时光，甚至还能有机会在山顶入睡。身体随着登山的节奏灵活运转，在进食后的悠闲里得到放松。你会感到无比宁静，像石头一样，深深地沉入静止状态。脚下的土壤不再是大地的一部分。假如睡意在此刻降临也毫不奇怪，它的到来就和日升日落一般自然。过了一会儿你睁开眼，不再像一块石头，不再与大地融为一体；目光牵引着你感知身边的一切，直到醒来以前你都是它的一部分。你曾身处其中，而如今这已经过去。

不过，我也曾经在本不会选择入睡的地方睡着过。当时我们在布雷里厄赫山，地平线蒙上了一层薄雾，平淡的景色毫无生机、趣味寡淡。因此我们就在山顶的另一边趴着，尽最大勇气靠近边缘，身体牢牢贴近地面，朝下望向布若翰冰斗。河水满溢，瀑布的喧哗声随处可闻。我们看着飞流直下的瀑布一路倾泻，砸落在岩石上。在远低于我们的山谷谷底，鹿群正在觅食，像是一个个缓慢移动的斑点。我们就这么看着它们走来走去。随后太阳露脸，洒下暖洋洋的光，眼前的动作和声音变得令人昏昏欲睡。再然后，我猛地醒来，突然发现自己正望着一堵深色石墙，而山底远得令人难以置信。我估计，从山顶到河床实际上大概有两千英尺的距离，到山腰那片鹿群觅食的洼地大概不超过一千英尺；但在睁开眼的那"惊魂一瞥"间，所有的思考和记忆都尚未回归，只剩纯粹的感觉，于是眼前的陡降便显得极度突然。我深呼一口气，说了句："原来是布若翰！"翻过身，从山边缓缓后退，然后站了起来。就在刚才，我曾凝视深渊。

如果说无知无觉是白天睡倒在山间的恩赐，那么夜空下最美妙的就是轻浅的睡眠。我特别喜欢这种浅淡的状态，能让我在回归意识表层和再次沉入睡眠之间不断循环，只静静看着，不为思虑困扰，就这样体验着感官的简单与明澈。早至五月、晚至十月的第一周，我都在野外露宿过。这段时间里，在我们古怪而错乱的气候条件下，通常也会有几次光芒四射的好天气。

某个绸缎般温柔的十月夜，我躺在星空下，看着一轮明月直至凌晨才缓缓升起。在光滑而柔软的破晓时分，山脉犹如流转的湖水，连绵起伏。这一夜犹如完全拜巫术所赐，教人为所有充满魅力的故事赞叹不已；苏格兰如此努力地驳斥巫术的存在，却从未成功。对此，我毫不讶异。任何一个凌晨四五点还待在户外的人遇到这样的一个清晨，都会开始迷糊得犯拼写错误；在被窝里睡到八点的人才不会想到"仙境""迷人"或是"魅力"这种词。找个足够温暖的十月尝试夜宿野外，体验一次晨曦与月光交织的黎明，你就会明白我说得没错。到时候，你也会中拼写错误的迷咒。

我不喜欢魅惑，因为它在世界这一重现实与自我这一重现实之间插入了某些东西，虽说自我现实早已被许多层虚假幻象和社会习俗掩盖；但正是这两种现实的融合，保护着生命免于腐坏。所以，让我们摆脱这些迷咒吧！

我大部分的野外露宿都发生在简单的夏日夜晚。我喜欢在这样的夜晚不断醒来，因为彼时的世界实在太美，也因为野生鸟兽会毫无戒备地靠近睡着的人。不过，如何醒来也是一门艺术。头脑必须完全清醒，睁开双眼时身体不能有分毫移动。某个白天我猛地惊醒，发现有一只习惯从手中啄食的小黑鸟正在腿上走来走去。他挤出一种诡异嘶哑的轻笑声,想要向我讨食,不过声音实在太过低沉,没能穿透我的睡眠。还有一次,一只苍头燕雀碰了碰我的胸膛。这两次我都睡得很浅,立马感受到了来访者的动作,并及时醒来,看到了他们匆忙飞走的样子。要是我没笨到跳起来就好了!但毕竟我的睡眠被打破了呀。不,必须得是自然而然地醒来:原本闭着的眼睛现在睁开了,仅此而已,再不能有其他动作。离我十码外的地方,一只马鹿正在晨曦中觅食,他无声地移动着,整个世界完全静止。我也静止了。我是静止了吧?还是说我移动过?他抬起头,抽了抽鼻子,随后我们四目相对。我为什么会蠢到让他看见我的眼睛?他跑开了。不过没走太远。他一边跑一边看,又回头看了看我。这一次我没有望他。不一会儿,他低下头,放下心来继续觅食了。

有时我会在黎明时分从梦海浮上水面,看到一只狍子,在他给我的意识留下清晰印象之前,我会再度陷入沉睡。虽然我不能在法庭上为此宣誓,但这一瞥依然带来了一阵相当真实的幻觉。那天早晨彻底清醒之后,我什么都不记得了。直到晚些时候,这个画面才开始在我大脑边缘浮现——不过,那只狍子是不是我在做梦时梦到的呢?——由于无法确定真相到底是什么,这个想法困扰了我很久。

在我睡觉的地方下面,木栅里可能到处都是雀鸟。有一次,我睁开眼数了数,竟然有二十只。也可能是山雀,一如既往地迈着有趣的步子跳来跳去。山雀家族里把这事做到极致的是其中最罕见的小凤头山雀,我不止一次地看到她四处炫耀,一会儿蹦到前面,一会儿跳回后面,一会儿又跑到一边,每个姿势维持片刻,立马转移到高处或低处的树枝上继续:活脱脱一个精致的模特!

有些时候,最先醒来的是耳朵。鹬发出有节奏的啼鸣。我从睡袋里坐起身,在天空里寻找它们俯冲而下的可爱身影。有时天还是太黑(即便是在苏格兰的盛夏),看不清它们的飞翔轨迹,只有飞速下降的声音尽在耳中。

我不在睡觉的时候也听到过牡鹿的咆哮,不过那些夜里我都不再露宿野外了。黑暗而寒冷的夜晚降临,咆哮声从一片静默的山岭间传来,相当骇人。随后,另一声咆哮会再次打破寂静。雪融化之后,瀑布一泻千里的声音将整晚在睡梦中回荡。假如连下了几天雨,醒来就能听到河水迸溅,发出比牡鹿更沉闷、更持久的轰鸣声,亦自有其可怕之处。

第十一章

感官

我已经将精神与身体都调教到适应了平静状态,现在必须让它们也能适应各项活动。为此,感官必须活跃起来。对耳朵来说,这里能够听到的最重要的声音便是沉默;尽全力去聆听沉默,就会发现真正的沉默有多罕见。无论何时,总是有什么东西在移动。当空气几乎静止时,还有流水的声响;虽说走在高原上的不少地方,人都在河道以上,流水声在这儿依然几乎无法忽视。尽管如此,时不时还是会有一个钟头的时间,天地间的静默几乎达到了极致,教人听着听着便消失在时间之外。这种沉默并非声音的对立面,更像是一种新的元素;如果说流水仍然在远处轻声低语,沉默就是我们即将远离的某项元素的最后一丝边缘,好比水手目光所及的地平线上那最后一片陆地的尽头。这样的时刻通常降临在薄雾天和雪天,或是某个夏天的夜晚(天气实在太凉爽，昆虫们才不愿意现身），又或者某个九月的破晓时分。九月的黎明如此宁静，令我几乎不敢呼吸。我仿佛置身于一个玻璃球里，整个世界悬浮在那儿，而我也身处其中。

有一次，在这样一个寂静清幽的夜晚，午夜已经过去了很久，我躺在帐篷外面张望。高原上仍然悬挂着一道雨水洗刷过的光，我在寂静中听到一声轻柔、几不可闻的闷响。声音不大，但足以让我转过头。只见帐篷柱上立着一只茶色的猫头鹰，正低头盯着我。夜色中我只能大致辨认出他的轮廓。我盯了回去。他扭过头，先用一只眼望着我，接着换了另一只，随后悄无声息地融入了身后的夜空；如果我没盯着他看，肯定没法知道他已经不在那儿了。能在午夜听到猫头鹰的响动非常罕见，这是个小小的成就。

鸟雀发出的各种声音，无论是歌声，还是它们在移动时发出的窸窸窣窣声，都值得双耳去捕捉。如果要我选出一声鸟鸣来体现山的精神，那就是在荒凉而孤寂的地方四处奔跑的欧金鸻的叫声。

耳朵也能听到山间的骚动。狂风裹挟着大海的愤怒，搅动嘎纳夫冰斗，发出隆隆闷响，你几乎可以听到空气撞在石头上裂成碎片的声音。暴雨砸落在大地，沿峡谷一路咆哮，雷声在埃文湖狭窄的低谷里回荡，伴随着持久而骇人的轰隆声。人类世界充满噪音，但在这儿，这种赤裸而原始的野蛮状态，这种取自亘古以来宇宙运转所需能量的微小声音切片，并没有摧毁一切，而是令人振奋。

每种感官都能接收大山给予的馈赠。味蕾能够品尝到野生浆果，蓝莓，"野生小红莓"以及最微妙、最甜蜜、名字如梦一般美好的云莓。多汁的金色球体在舌尖融化，但谁又能准确地描摹出这种味道呢？就连舌尖也无法给你答案。必须亲自找到那些成熟了的金黄色浆果，才能知道它们的滋味。

气味也是一样。所有令人陶醉的芳香，无论是松树、桦木、香杨梅、石楠、气味冲鼻的杜松、甜如蜜的兰花还是清新的野生百里香，都完全无法靠文字来传达。它们的存在是为嗅觉而生，而我像是一只狗，气味令我兴奋不已。在一个炎热潮湿的盛夏，我闻到一阵浓郁的果香，从覆盖着大部分高原的草地、苔藓和野莓丛里升腾而起。体会苔藓的泥土气息以及灵魂自身气味的最佳时刻是挖掘土壤的瞬间。偶尔会遇到鹿粪的刺鼻恶臭，若是春天还能闻到火的强烈气味。

不过对我来说，潜能最大的还是视觉和触觉。双眼能将无限风光纳入视野。我躺在山上，头顶的巨大积云被一阵狂风撕裂；但在它们身后非常远的地方，天空遥远而纯净，飘浮着苍白精致的条状云，淡淡的，几乎难以察觉。闭上一只眼，它们马上消失不见；只有睁开双眼，云朵的轮廓才能清晰显现，让我确信它们还在那里。我现在明白了，山能够自己创造出风，因为这些苍白的条状云几乎都定定地飘浮着，而我头顶上的大风仍然在推动体积庞大的积云前进。光的奥秘被眼睛窥破，它们不仅发现了月亮星辰和浩瀚壮美的极光，也在瞬息万变的光里目击地球经历的无穷变化。这一切在我看来，依旧是山自己的创作，正是山里的空气给光带来了变化。峭壁和隘谷时而光泽闪烁，时而发出微光，时而生机全无，就像一幅缺少透视的画，所有的物体大小相当，被画在同一平面上，填满了整张画布，既无前景也无远景。有时候，流水滑过石头会划出天蓝色的曲线，偶尔又变成深不见底的漆黑色，和柏油一样裹着淡淡的银边。假如我面向太阳，赤裸的白桦看上去就是黑的，闪亮得如同精雕的乌木。但如果太阳在我身后，阳光穿透一团红色的树枝，白色的树枝便会生动地凸显出来，仿佛那团红云是在树干背后一样。空气干燥时，山岭向后收缩，显得遥远且天真可爱；空气湿润时，它们向前冲，庞大的体形引人注目；等到薄雾降下来，它们看上去就有些惊悚了。不仅仅是因为看不出前面的路，还因为哪怕是能勉强看见的那一小片土地和周边的环境也是隔绝的，而我没法辨认清楚。再没什么比雪地里的雾气更可怕了。三月里的一天，我正在杜乌湖所在的冰斗爬山。低处山坡上的雪融化后，小溪变得湍急。只有通过雪桥才能渡溪，在好几层雪下面可以看到一条下陷的不规则线条，透露出正在底部奔涌的水流方向。在高一点的地方，雪尚未融化。乌云下沉，笼罩在我头顶，苍白的薄雾将积雪尚未抹除的所有地标完全吞没。巨石如同庞然怪物，在雾里忽隐忽现。杜乌湖下方的小湖规模看上去相当可观，从小湖向上的陡坡爬起来头晕目眩、令人如堕虚空之境，我不禁心存恐惧：这一定就是我正在爬的那个悬崖，而这座湖就是杜乌湖本身。越过这一段之后，我继续向峭壁攀爬。我明白这一切都不可能是真的，但身后那片暗淡惨白的地界里，那些阴森的影子分明还在大脑里猛敲，已经压制住了我的理智。我再也走不下去了。我决定向下爬回去，薄雾中灰白的、相当阴沉的万物，在此刻也笼上了一重舒适的辉光。

又是一个雾蒙蒙的日子，不过这次的薄雾是透明的，我亲眼看到一只游隼飞出悬崖，弯曲、锐利的双翼疾速俯冲。我盯着这不可思议的景象,仰头凝视这只巨大的飞鸟。怎么可能会有体形如此庞大的游隼!只有在他返航回峭壁之前定定地立在空中时,我才信了自己的眼睛,也是直到那时我才明白霍普金斯以下文字的意思:

> 鹰的身躯,在迷雾中显现
> 体形陡增两倍,庞然悬空

古怪的是,薄雾有时也能校正眼睛的错觉。一连串的山脉乍看之下好似同一座山,而飘浮其间的薄雾却能显示出海拔和距离的渐变效果,总归有些远近之分。出于相似的道理,陆地在清水中投下的倒影也能够清晰地呈现其棱角;因此,双眼难以辨认的山间距离和海拔差异,在湖水的倒影里倒可以一窥究竟。

依据所处位置的不同,双眼的错觉也各有不同。躺卧在地上,视线越过嘎纳夫冰斗看到的巫阿伊涅湖上方的碎石坡,仿佛和我处于同一水平面;正如从正下方看,陡坡就像一个水平的平原,上面伫立着众多石块。有一年我们把帐篷搭在塔洛克格鲁夫上方的山坡,位于远离凯恩戈姆的那一侧。我们站在斜坡上向外望,上面是一整条山脉,在两千五百英尺的高度上齐齐中断,其间的荒原和森林全部消失不见。我夜复一夜地躺在帐篷外面，看着高原上的最后一缕光，突然有种奇异的感觉，仿佛自己也在那片高原上。我所在的地方感觉和那里一样高，似乎自己也沐浴在唯有山顶才能看到的那片余晖里面。眯起眼睛看世界，也会改变眼前事物的重要程度。透过半睁半闭的眼睛，草丛间稀稀落落的白花发散出清晰鲜亮的光，就像从背景里跳脱出来了一样。由于眼睛所处位置及其使用方式的不同，产生的错觉也千差万别，这让人意识到，平日所见并非事物的真实面貌，不过只是千万种可能性中的一种；假如能发现另一种视角，即便只是短短一瞥，也足以撼动我们，然后让我们再次回归稳定。这非同寻常，却令人精神焕发。如果我只是侧过身或者仰卧着，就要花费很长时间才能发掘这样一个世界。

双眼能够把握的转瞬即逝的乐趣还包括：大风天，高山湖迸溅出细如烟雾的水沫；雪地里发出绿色的微光，湖水在被我看到前就暴露了自己的位置；雨天，从埃文湖上方岩石众多的一侧向下看，它和巫阿伊涅湖一样深绿；狂风吹拂下形成了小阵雨，一条彩虹在那里摇曳生姿；昏昏欲睡的夏日午后，洒满阳光的山谷上方空气开始颤动；双虹在河流上方拱起，中间是阴沉的天空，两岸却映着彩虹的倒影。

我该如何一一列举双眼带我走进的世界呢？光的世界，色彩的世界，形象的世界，阴影的世界；雪花、冰块、水晶以及雄蕊和花瓣结构里充满精确之美的数学世界；还有大山表面那些或流畅或剧烈起伏的线条谱写的韵律世界。为什么有些被暴力扭曲了形状的石块竟能完美地抚慰安神？对此我没有答案。或许真实情况不过是一片混乱，而眼睛强行加入了自己的想象？从这堆石头里看出美而不仅仅是缺口和尖峰，需要发挥创造力。不然的话，人们怎么会在好几百年间都觉得大山令人厌恶？某种意识在与山的形态发生互动时，创造出了美的感受。前提是，它们的形态必须被人看到。而且这些形态得有特点，不能只是一团混沌。和所有的创造一样，物质需要浸润在精神之河，而由此诞生的则是生动的灵魂，散发着意识的辉光；当意识黯淡，它也会随之消失。这是从无时无刻不在试图侵蚀我们的阴影——由"非存在"手里抢来的东西，而只有持续的创造性行动才能保有我们对它的掌握权。因此，仅仅只是"看"这么一个行为，比如满怀渗透其本质的爱去看山，就能在非存在的浩瀚空间里拓宽存在的领域：而这正是人类存在的唯一理由。

所有感觉里，触觉最显亲密。每一寸敏感的肌肤都被调动起来，无论是处于紧绷的、抗拒的，还是镇静的、放松的状态，整个身体在远比自己强大的自然力面前都会做出反应。如果冷冽的泉水冲击上颌，喉咙会感到刺痛难耐；冰冷的空气冲击到口腔内侧，肺也随之紧张起来。风突然吹进一只鼻孔时，只能用一边呼吸，脸颊会被风吹得紧紧贴住牙龈，呼吸也随之变得短促起来。在这种强度的风速下，人类如同釜底游鱼、寸步难行。冰霜会冻僵下巴的肌肉，脸颊在薄雾里变得湿答答的。雨天过后，我喜欢让手掌穿过杜松或是桦树林，享受水滴缓缓流过手掌的欣喜，或者走过长长的石楠丛，感受着它打湿裸露的双腿。

双手之间有着无穷乐趣。我还是个小女孩的时候，一位魅力十足的年迈贵妇告诉过我一件事，自此我从未忘记。当时我在她乡下的家里做客，午饭后准备和她侄女一起外出散步，我从大厅的桌子上拿起自己早前放在那里的手套。她从我手中拿走手套，放回桌上。"你不需要这些东西。许多力量只有通过双手才能来到我们身上。"很多知觉也是如此。事物的感觉、纹理、外观，粗糙如球果、树皮的物体，光滑如秸秆、羽毛以及被水打磨的鹅卵石的东西，蛛丝般的轻度挑逗，爬虫带来的微微发痒，青苔的瘙痒感，阳光的温暖，冰雹的刺痛，水流翻滚时的一记撞击，还有风的流动：无论是我能够主动触碰的，还是只能由它们抚摸我的，都会在手上留下和眼中同等重要的印记。

双脚也是一样。自珍妮·迪恩斯*长途跋涉去伦敦之后，赤脚走路的习惯就慢慢过时了，但所有在乡下长大的孩子都接受过这种赐福。敏感的人们正在恢复这个习惯。他们向我讲述了一位进山打猎的绅士赤脚上阵的故事：当他坐下吃午饭时，帮手们会尽可能近地围在他身边，想要看清这个奇人的脚底板到底是个什么样子。实际上，光脚走在石楠上并没有听上去那么可怕。我就这么散乱地走过好几英里路。最开始是因为需要渡过一条必须涉水的小溪，可一旦脱了鞋，我就再也不愿穿回去了。假如溪边恰好有青草地，我就光着脚踏上去，享受踩在青草上的乐趣。脚下从青草变成石楠之后，我继续向前，只要侧着脚避开生长中的石楠，踩在细小的花枝上，就能轻轻松松走过石楠丛。泥沼在阳光的温暖下

---

* 珍妮·迪恩斯（Jeanie Deans），苏格兰作家沃尔特·司各特所著小说《中洛辛郡的心脏》中的虚构人物，以正直、虔诚著称。故事中，珍妮长途跋涉前往伦敦，试图拯救被误判有罪的妹妹艾菲。为了保护鞋子，她有时选择光脚前行。

脱去了部分水分,踩上去触觉完美,既柔软又光滑。茂盛的草丛在早晨也是如此,在太阳下暖烘烘的,但双脚一旦沉下去,感觉依然凉爽湿润,就像是食物在入口后融化出了另一种味道。如果脚趾夹住了一朵花的花梗,这趟旅途便又平添了一份小小的魅力。

横渡涨水的小溪时,最强烈的感受来自拍打在四肢上的水流。在湍急的溪水里试图保持平衡的努力,为涉水这一简单动作赋予了意义。这个季节早些的时候,水流可能非常冰冷,除此之外不会有第二种感受;此时整个人都开始收缩,用尽一切手段来忍耐严寒的刺激。等天气热起来,清新的溪水如影随形般滑过皮肤。每一寸肌肤都获得了敏锐而愉悦的感受,触摸着阳光,感受着衣服里穿行而过的风,体会着入水时一拥而上的水流——而你在水流间喘的那口气,贯穿了整个身体,如同身内的宇宙释放出了光芒,也如同你成功拦截了波浪,声势全无的潮水散落在了身后的沙滩上。一头扎进山间冰凉凉的池水,这种行为似乎在顷刻间导致了自我的解体;但自我不会默然忍受,而是在这一瞬间经历着迷失、冲击甚至完全的毁灭。然后,在下一秒,生命卷土重来。

第十二章

存在

或许,正是因为各种知觉在这里依然纯净如初,未受任何固定模式的一丝影响,保留着自身最原始的模样,可以说身体也在思考。每一种经过强化、达到异常警惕的感觉本身就是一种完美的体验。这是我们早已失去的天真:每一次都将某种知觉运用到极致,直到能够体验到所有的存在方式。

我就这么躺在高原上,身下是火焰的绝对核心,挤压打磨着轰隆作响的火成岩;头顶上是一方蓝色天空;在岩石之火与太阳之火中间,是碎石、水土、青苔、草地、花木、昆虫、鸟兽、风、雨、雪组成的整个大山。慢慢地,我发现了进入的方式。假如还有别的感知方式,那我一定能知道更多。同一渠水、同一朵花里有着细微而多元的特质,而各种感官能够捕获的细节各有不同;如果在了解这一点后,还以为多一种感知模式也无法体察更多，那就是无稽之谈了。假如没有味觉和嗅觉，我们能怎样想象滋味和香气呢？那将是完全无法想象的事情。万物之中一定还有许多令人兴奋的特质有待发现，只可惜我们缺乏了解它们的途径。话虽如此，我们已经拥有的，是多么丰富的一笔财富啊！每一次进山，我都会有新的收获：双眼会看到此前错过的风景，或者发现欣赏旧风景的新视角；耳朵和其他感官亦然。这是一项不断充实的经历，平凡的日子有其增益，偶尔还会出现不可预知、难以忘怀的时刻，彼时天地倾倒，眼前完全是个新世界。这儿加一笔，那里添一处，很多细节会短暂地成为完美的焦点，人们终于可以读清一开始就已出现的那个单词*。

这些时刻难以预知，但似乎是受某种规则掌控，至于其工作原理我们仍所知不多。对我来讲，就像此前所说，它们最常降临在我从户外醒来的时候；我一面出神地望着流水，一面听着它的歌声。最明显的是在稳步前行几小时之后，运动的节拍被长时间维持着，直到大脑

---

* "一开始就已出现的那个单词"（the word that has been from the beginning）：这里应该是谢泼德联想到《约翰福音》1:1，"太初有道，道与神同在，道就是神。"（In the beginning was the Word, and the Word was with God, and the Word was God.）

和其他器官感受到，运动就是一切存在的平稳中心。我猜在某种程度上，瑜伽大师一定能够操控自己的呼吸。一小时接一小时这么走着，所有的感觉都循着某种节奏，你会感到肉身在行走时十分通透。但没有哪个比喻，无论是"透明一般"还是"轻盈如空气"，能够准确描摹这种状态。此时身体并非微不足道，而是至关重要。肉身非但没有被消灭，反而得到了实现。人不是无形之物，身体是其必不可少的一部分。

所以，正是当身体被激发出最高潜能、受控于某种深刻的和谐，并因此陷入类似"入定"的状态时，我才能最大限度地走进存在的核心。摆脱肉体的限制，我走进了大山。我就是其完整生命的实体化，和闪闪发亮的虎耳草、长着白色翅膀的松鸡一样。

我终于发现了自己试图寻找的东西。这段旅程起源于纯粹的爱，而爱意萌生于童年。那时，我曾站在莫纳利亚山脉的山肩眺望斯戈杜乌山，它背后的隘谷里紫罗兰正在怒放，这幅景象常常萦绕在我梦中。那条隘谷，生存其中的万物，以及其生动得几乎可以触碰的深蓝色，让我的一生都与大山紧紧相依。对那时的我来说，攀登凯恩戈姆是一项传奇任务，只有英雄方能达成，远非每个人都能做到，更别提小孩子了。直到那个十月，它对我来说依然充满传奇色彩；大雪过后，天色蔚蓝，空气冷冽，阳光灿烂，我独自一人、充满期待地攀登着艾雷恩湖上的杜乌悬崖。我担心地回望，像个正在偷苹果的小孩。凯恩戈姆是禁忌之地，这是我最靠近它的一次，内心的兴奋难以言表。当我艰难地爬过最后一个斜坡到达埃尼亚赫峡谷时，离凯恩戈姆究竟有多近呢？我猜不出来。我大口呼吸着冰冷的空气，激动得难以自抑，不停地跳来跳去，又是大笑又是大叫。整个高原近在眼前，闪耀着白色的光芒，仿佛触手可及。阳光下，完美无瑕的景色在炫丽的蓝天下铺展开来。我沉浸在这醇香的酒里，一杯又一杯，至今没有领略完它全部的美。虽然由于不同原因，登山直到多年后才开始；但从那一刻起，我已经属于凯恩戈姆。

由此，我开启了我的体验之旅。这趟旅程一直为乐趣而生，除此之外我别无所求。不过，起初我寻求的只是感官上的满足，追逐着高度、运动、速度、距离带来的感觉，体会着努力和放松的感受；在这背后是肉体的欲求、双眼的渴望，为的是赢得生命的骄傲。当时的我对大山本身不感兴趣，只在意它在我身上产生的影响；这就像一只在男人裤腿边蹭来蹭去的猫，爱抚的是自己，而不是那个男人。随着年岁渐长，我不再那么自负，这才开始发现大山本身。它的轮廓和色彩,它的水路与岩石,它的花朵与飞鸟:一切都变得有趣起来。这个过程进行了好多年,至今仍在继续。了解另一个个体的道路永无止境。在此期间我发现,人类关于石头、花卉和鸟类的经验也扩充了它们的意义。被探索的一方会随探索者一同成长。

我想,现在的自己稍稍明白了佛教徒为何要去山上朝圣,这是因为旅程本身就是达到目标的技巧之一。这是一次通往存在的旅途:对山的生命体察越深,对自己也就了解得更加深入。有那么一瞬,我超越了欲望。这并非跳出自我的宗教极乐状态。我没有摆脱自我,依然是我自己。我存在着。认识到存在本身,这就是大山赐予我的最大恩典。

附录 一床,一书,一座山

珍妮特·温特森

此刻,我躺在床上,手捧娜恩·谢泼德的《活山》。这本书是一次诗意的地理学探索,主角是位于苏格兰东北部的一座山脉——凯恩戈姆。它写成于上世纪四十年代,直到七十年代才迟迟付梓,最近又被坎农格特出版社(Canongate)重版。

对我而言,阅读《活山》这本书,完美诠释了读书为何那么重要。如此奇妙,而又必不可少,和一切其他事物全然不同。

读书,无可取代。

还是让我们回到《活山》这本书吧。

作者娜恩·谢泼德终生未婚,一直居住在故乡,那是位于凯恩戈姆山脚的一个苏格兰小村庄。她受过良好的教育，也去过不少地方，但所有旅途的终点总是回家。她一生挚爱凯恩戈姆，曾为它写下这样的话："大脑无法消化大山所能给予的一切，对能够感知的也常常感到难以置信。"

我并非登山爱好者，甚至不怎么爬山。对凯恩戈姆山脉，我一无所知，连这本书也是别人寄给我的。而书和门一样，唯有打开才能一探究竟；于是我翻开《活山》，走进了这扇门背后的世界。

在娜恩·谢泼德的陪伴下，我漫步于崇山峻岭之间。虽说她人已不在这世上，但她的声音依旧清晰，如同被她追踪溯源的溪流，越来越深远，越来越向内：这，是一条没有尽头的探索之路。

肉身躺卧在床，灵魂却追随一本关于登山的小书神游，这种体验太棒了！当下，我们主要拥有两种经验模式：一种是实在的（所以我们会对真人秀、纪录片和写实戏剧感兴趣）；另一种是虚拟的，即互联网世界。有时两者也会交汇，创造出如脸书所代表的诡异概念：没有实际联系的虚拟关系。

读书，则提供了与上述两者不同的另一选项：一个充满想象力的世界。

我不想把它和幻想或逃避混为一谈。对我而言，想象的世界就是整体的世界,并非破碎后被勉强拼凑的世界。诗人华兹华斯就说过,诗人及其诗作的作用正是"看清万物的内在生命"。

假如只把世界视为与自己分离的个体,我们将永远无法获得这种体验。正是想象力让我们得以在彼此相联、相互依存的关系中体验自我,感受世界。万事万物,皆相生相联。而之所以说《活山》这本书"好",是因为它在一个特殊且微小的主题中,找到或者说提取了,一个关于如何理解世界的故事。

没错,这本书的确是一个隐喻,但同时也实实在在地描摹了凯恩戈姆山脉。这种将本土性、特殊性与普世性联系在一起的能力,为读者开辟出了全新的思维空间(就像罗伯特·麦克法伦在为本书撰写的精彩序言中所说,普世并非普遍)。

这本书所产生的效果,是书籍以外的媒介难以达到的。一本书,让你能够追随作者的思绪。它和电影不一样,甚至和广播节目也不一样,并不受制于线性时间。虽说书里总有开端、发展与结尾,但对于好书而言,这些都无关紧要。那些对我们影响深远的书,我们记住的可不是它讲述故事的顺序,而是它们给我们留下的印象、效果,以及讲述时的语言风格。记忆有自己的魔法:我们紧紧抓住自己需要的那部分，任其他的随风而逝。生活中不同时间发生的事件，在记忆中却往往紧紧相连；同理，读书的意义就在于带领我们突破线性时间的束缚，从而更加靠近时间的总和。

随线性时间流动的生活令人匆匆忙忙、疲惫不堪。但这种局限于此时此刻的存在方式并非生命或时间的真谛，它仅仅只是其中的一个选项。而我们，可以选择与之不同的方式去经历人生。

在与凯恩戈姆长达一生的相伴中，谢泼德曾经努力做过的一件事就是，停下登顶各大高原的匆忙脚步。起初，爬山只为登高的快感。她关注的是自己能走多远、能走多快。慢慢地，她开始绕山闲逛，像是嗅觉敏锐的狗。谢泼德发现自己想要待在山里："大山常常在我毫无目的地漫游时，向我袒露出最完整的模样。心中没有必须到达的目的地，所到之处也算不上特别，我不过是单纯想要和山待在一起；就像去拜访一位朋友，除了与他做伴，再无其他意图。"

翻开一本书进入它的世界，意味着开启时间长河里的一次漫游。读书于我而言，不是闲暇消遣，也不是浪费时间，更不是消极停滞。比起停滞，读书的总体体验更像是积极开拓；好比为了回家的鲑鱼，唯有逆流而上，方能抵达。

我们已经失去了各种意义上的家园——无论是自然世界,我们那唯一的地球;还是我们被焦虑和不满盘踞的身体;或是人人争名逐利、日益疏离的巨大城市,那里只有少数人才能获得安全、和平、宁静,乃至于一座花园。

而一本书又是如何带我回家的呢?

它为我重新定位,让我回想起家的方向。我的内心地图发生了位移,价值观也开始改变。我记起了我自己、我的世界、我的身体,以及我究竟是谁。

有时,重新定位会带来排山倒海般的冲击力,随着翻书时的一声惊叹,此前所知的世界开始发生天翻地覆的改变。不过,在通常情况下,这种感受会微妙得多,更像是一次小幅的定向调整。自我被妥善安顿,或者说,我感受到了安稳。我,在属于自己的空间安然栖息。

我有过一段艰苦的童年时光。十六岁离家,此后的十年里居无定所,"家"只不过是个临时概念,极少意味着安全。而在那时,书籍为我营造出一个舒适自在的空间。它们为我提供内在的光源——我知道这听起来可能有些神秘,但每个人都需要找到一种存在方式、一种生活方式。对我而言,生活既有表象,也有其内里。而大多数时候,我们把时间和精力都用在了表象上,诸如工作、金钱、地位、索求和消费;即便耗费的不是全部时间,这一切也令人目眩神迷、难辨东西。这同时也意味着,如果外在生活一团糟——事实上它也常常如此——或者不够令人满意,那就没有任何内在的力量可以帮助我们渡过难关。

而书,由内而外施展着魔力。它是在灵魂某个角落悄然发生的隐秘对话。

从那时到现在,也将直到永远,只要有书作为指南,我就可以走回正确的方向。读书让我平静,助我清醒。有书在手,思绪便随之延展。我不再那么焦虑,内心也更清明澄澈。

这份体验发生在我与任何一本有内涵的书的互动之中。所谓有内涵,就是指作者找到了一些有价值的东西,并且能够通过语言传达给我。

至于传达的内容具体是什么,真的一点也不重要。无论是凯恩戈姆山脉,还是《呼啸山庄》;《云图》,亦或《白鲸》;《禅与摩托车维修艺术》,又或者是卡罗尔·安·达菲的诗歌。诗,纯粹就是有关存在的艺术。比起存在,我们并不那么关注诗所涉及的主题和故事,所以也就不难理解苏珊·桑塔格的这句话:"艺术并不仅仅和某物相关,它自身就是一种存在。"

艺术的实然状态,或者说其存在本身,至关重要。虽然它呈现的内容可能非常有趣、引人入胜,也可能会引发热议,又或者紧要而迫切;但时间一久,真正能被我们记住的、为我们提供滋养的,往往和这些无关。艺术,包括写作在内,本身并不是目的;它是灵魂的载体。

相信自己的灵魂,并不意味着要信仰神灵。灵魂,是你身上不被实体所限的那一部分。我不知道,也不介意灵魂能否在肉身消亡后幸存;但我明白,在活着的时候就失去灵魂比死亡要糟糕得多。

我想要守护自己的灵魂。

读书并非护佑灵魂的唯一途径,不是体验时间总和的唯一方式,也不是回家的唯一归途——但我们现在讨论的就是读书,而我个人最为强烈的体验也与语言相关,并借由它发生。和亚当一样,我需要为万物命名。这与分类法无关,也不是简化和还原,而是试图找到一种适合的语言去表达。去适合什么呢?不仅仅是和事物或经验相符,也是为了与情感契合。

只有思想却没有感觉是不可能的,人不可能不去感受。你可以压抑和歪曲自己的感受，也可以通过转移它们来对自己撒谎，但不管喜欢与否，你每分每秒都会产生新的体会。这可算不上多么神秘主义。在有关身体的学问里，大脑边缘系统优先于神经系统。我们生来就是为了体验和感受。

一旦找到能够描摹自己感受的语言，我就可以拥有它们，而不是被它们掌控。思想与情绪得以和平共处，而不是两相抵触，生活也因此更加充实丰富。艺术，无论何种领域，都擅长处理这一核心关系；而文学，为我们提供了借以言说的文字。我们需要这些文字。不是空洞信息，不是胡言乱语，不是数据。我们需要一种简单而美好的语言，来传达复杂的、能激发情感的思考，而不是剥夺我们的感情。

这种语言只有通过阅读高水准的文字才能获得，而高水准并不意味着晦涩难懂。事实恰恰相反。我们所认为的难懂往往是因为不够熟悉，因此深入一本书的确可能需要花些时间。读书现在正成为"互联网冲浪综合征"的牺牲品。但读书不是为了获取信息而草草进行的略读。读书，是一次深潜。

或者说，一次登高。

娜恩·谢泼德在书中谈到了高度带来的狂喜。那里的空气更稀薄,身体更轻盈,但你不得不适应周遭的环境。读书也是如此,你必须学会适应。

我很清楚读书仍然是一件新鲜事,直到十九世纪中期,大众文学才真正开始发展;自那以后,我们与阅读的关系也算不上多稳定。很多人并不真的读书,也不想读。

我猜这大概和教育以及文化期许有关。有个很棒的团体叫"读者组织"(The Reader Organisation),由简·戴维斯经营。此人是鲍勃·格尔多夫和弗洛伦斯·南丁格尔的混合体,还掺杂着一点魔法保姆麦克菲*的气质。她的人生使命在于把书引入阅读不常发生的地方,比如监狱、廉价住宅区、孤儿院等。在利物浦,她和那些没受过什么教育的人一起工作,却收到了令人难以置信的成效。孩子们冷静下来,小伙们变得成熟,疲惫的母亲们在西尔维娅·普拉斯和莎士比亚的作品里发现了另一个自我。这个项目提供的不是简单化的肤浅对策。

---

* 鲍勃·格尔多夫是著名的爱尔兰摇滚乐手,一直致力于反贫困等社会活动;弗洛伦斯·南丁格尔是传奇的战场护士,其名字是护士精神的代名词;魔法保姆麦克菲是一个电影角色,其长相丑陋,但拥有神奇的魔法和善良的心。

对那些被一致认可的所谓"智慧"——我是指人们早已习以为常的愚蠢——戴维斯持对抗态度,而且这看似疯狂的项目也确实奏效了。要知道,这个读者组织并没有来自政府的直接资金支持。

离开家以后,在那些讲述孩子被剥夺了选择权和机会的现实主义纪录片中,我根本找不到希望;只有在阿拉丁、哈克·费恩、希斯克利夫、小王子和亨利四世*这样的人物身上,我才能发现共鸣。而像"霹雳火"**这样的局外人,则让我产生了身份认同感。没过多久,我便遇见了阿尔贝·加缪的《局外人》。

有必要补充几句的是,我父亲只有用手指一字一句划着书,缓慢并大声地读出文字才能勉强阅读;而我的母亲非常聪明,但她在十四岁那年就离开了学校。我们家没有藏书,不过我也想尽了办法不在家待着,经常在附近的奔宁山脉游荡。

所以,要说我不怎么爬山也不完全正确。

---

* 以上均为文学史上著名的青少年角色,分别出自《一千零一夜》《哈克贝利·费恩历险记》《呼啸山庄》《小王子》《亨利四世》。

** 指亨利·珀西爵士(Sir Henry Percy KG, 1364—1403),"霹雳火"(Hotspur,又译为急性子、烈火骑士)是他的绰号,因为他脾气火爆,好勇斗狠,将骑士精神视为生命,后战死沙场,莎士比亚的戏剧《亨利四世》对他有过详尽的描写。

对我所在的工人阶级社区来说，读书不那么重要，除非读的是《圣经》。能阅读《圣经》，意味着你可以阅读任何其他书籍，连莎士比亚的作品也会显得简单起来，因为英王钦定版运用的正是类似莎士比亚的语言。由于英格兰北部拥有很强的口述传统，人们经常会忘记，即使是在五十年以前，更不必说一百年以前，当时不识字、不读书的现象和现在的阅读缺失是有多么不同。

生活在信息爆炸的当下，我们每周七天、每天二十四小时都被无精打采的大众传媒以及矫揉造作的流行文化轰炸。如果不读书，那么你极有可能是在看电视，或是玩电脑，或者在听冒牌乐队的冒牌音乐。

而在我长大的那座北方纺织小城，当一些家庭不读书的时候（实际上人们也没有阅读习惯），他们通常会去铜管乐队或合唱团，到酒吧或赛狗场找人聊天，通过缝缝补补或种种菜来寻觅一份宁静的快乐，又或者干脆去奔宁山脉走上几英里。我无意美化工人阶级的生活；对我来说，它既艰苦又短暂，我自己也不愿长久地待下去，更不想回到那种状态。但这一切都有它自己的文化根基，从下而上，自由生长，完全不同于强行投放的广告、消费主义以及《英国偶像》。

大众文化的单一化，加上教育体系的失败，以及我们对书籍、艺术的轻视(它们现在要么是消遣娱乐,要么是精英主义,从来不是必需品,也从来不属于全民),导致了阅读的缺失。这切断了独立思考、磨炼心智的可能性,不依赖于外物的自我意识也随之化为泡影。

训练有素的头脑才能够集中精力。注意力缺陷障碍不是疾病,而是放弃阅读的恶果。教会孩子读书,带领孩子坚持读书,你就能改变一切。没错,改变一切。

让我们回到山上。

《活山》里有这么一个强有力的论断:身体感知是必须的,我们需要掌控自己的肉身,使感官和灵魂能与头脑和谐共处。躺在床上读书似乎和这一点风牛马不相及,但实际上两者并不遥远。

读书能让身体平静一阵子,足以休息,但不至于停滞;带来宁静,却不会消沉。读书,不是被动的行为。沉浸在书的世界,随作者同行,你可以随心所欲、自在漫游。这种自由提醒我们,身体和心灵都需要锻炼和活动,两者都无法忍受禁锢。假如身体不得不应付这种限制,那就更有必要锻炼心智让它自由了。

在漫长一生的最后几个月里,娜恩·谢泼德蜗居在医院,无法再次登上她挚爱的凯恩戈姆山脉。但她的灵魂从未停下向上的脚步,没有什么能够将她禁锢。

读书,正是这样一项体验人生的途径,一种向内探察的方式,一条向外超脱的出路。读书,一种生活方式,开启无限可能。

地名翻译对照表

（按正文出现顺序）

凯恩戈姆山脉	The Cairngorm Mountains
	The Cairngorms
阿维莫尔	Aviemore
凯恩戈姆山*	Cairn Gorm
因弗雷缪尔	Muir of Inverey
格伦莫尔	Glenmore
拉瑞克赫鲁	Lairig Ghru
本麦克杜伊山	Ben MacDhui
布雷里厄赫山	Braeriach
本尼维斯山	Ben Nevis

---

* 关于凯恩戈姆，全书有 The Cairngorm Mountains（或简称为 The Cairngorms）和 The Cairn Gorm 两种表述：前者指的是苏格兰高地上一片由山峰组成的区域，译为"凯恩戈姆山脉"（或简化为"凯恩戈姆"）；后者指的是该区域中一座独立的山峰，译为"凯恩戈姆山"。

拉默缪尔丘陵	Lammermuirs
凯斯内斯	Caithness
莫文山	Morven
莫勒山	Morar
埃文湖	Loch Avon
迪河	River Dee
嘎纳夫冰斗	Garbh Choire
拉瑞克水潭	Lairig Pools
德里河	The Derry
本尼河	The Beinnie
德鲁伊河	Allt Druie
冰斗小湖	Loch Coire an Lochaine
艾切肯湖	Etchachan
斯佩河	The Spey
因楚若瑞	Inchrory
斯特拉斯内西	Strathnethy
德里峡谷	Glen Derry
拜奈克谷仓	Barns of Bynack
凯普利奇溪	Caiplich Water
庇护石	Shelter Stone

萨德尔山	The Saddle
科伊赫峡谷	Glen Quoich
迪赛德	Deeside
本拜奈克山	Ben Bynack
莫纳利亚山脉	Monadhliaths
斯戈杜乌山	Sgoran Dubh
斯戈谷乌山	Sgor Gaoith
埃尼亚赫	Einich
洛赫纳加山	Lochnager
利文峡谷	Glen Lyon
本劳尔斯山	Ben Lawers
希哈利恩山	Schiehallion
白石堆	Geal Charn
本阿布尔德	Ben a' Bhuird
凯恩图尔山	Cairntoul
安格斯	Angus
格拉斯莫尔山	Glas Maol
爱伊峡谷	Glen Ey
本樱兰山	Ben Ouran
恶魔谷	Devil's Point

德里凯恩戈姆	Cairngorm of Derry
阿伯内西陡坡	Braes of Abernethy
尤沃勒悬崖	Stac Iolaire
巫阿伊涅湖	Loch an Uaine
莫利赫湖	Loch Morlich
斯佩塞德	Speyside
迪河之泉	Wells of Dee
玛奇溪	March Burn
迪河之池	Pools of Dee
罗伊万湖	Ryvoan Loch
杜乌湖	Dubh Loch
提尔河	Till
斯卢根	Slugain
莫罗内山	Morrone
多尔柏克	Dorback
卡斯冰斗	Coire Cas
本尼冰斗	Beinnie Corrie
怀特维尔	Whitewell
塔洛克格鲁夫	Tullochgrue
若斯墨丘斯	Rothiemurchus

巴洛赫布伊	Ballochbuie
艾雷恩湖	Loch an Eilein
凯恩艾尔瑞克	Carn Elrig
加洛韦	Galloway
梅里克山	Merrick
布里克湖	Loch Builg
杜乌悬崖	Creag Dhubh
阿盖尔之石	Argyll's Stone
肯纳珀尔	Kennapol
"猫之巢穴"	The Cat's Den
"盗贼之路"	The Thieves' Road
布若翰冰斗	Coire Brochain

图书在版编目(CIP)数据

活山 /(英)娜恩·谢泼德著；
管啸尘译.-- 上海：文汇出版社，2018.5（2024.11重印）
ISBN 978-7-5496-2563-5

Ⅰ.①活… Ⅱ.①娜…②管… Ⅲ.①散文–英国–现代
Ⅳ.①I561.65

中国版本图书馆 CIP 数据核字 (2018) 第 103445 号

THE LIVING MOUNTAIN © Nan Shepherd, 2008
Copyright licensed by Canongate Books Ltd.
arranged with Andrew Nurnberg Associates International Limited

Introduction copyright © Robert Macfarlane
A Bed. A Book. A Mountain. copyright © Jeanette Winterson

版权登记图字 09-2018-469

活山

作　　者 /	〔英〕娜恩·谢泼德
译　　者 /	管啸尘
责任编辑 /	何　璟
装帧设计 /	彭振威设计事务所
出　　版 /	文匯出版社 上海市威海路 755 号 （邮政编码 200041）
发　　行 /	新经典发行有限公司
电　　话 /	010-68423599　邮　　箱 / editor@readinglife.com
印刷装订 /	山东韵杰文化科技有限公司
版　　次 /	2018 年 10 月第 1 版
印　　次 /	2024 年 11 月第 10 次印刷
开　　本 /	850×1092　1/32
印　　张 /	6.25

ISBN 978-7-5496-2563-5
定　　价 / 39.00 元

敬启读者，如发现本书有印装质量问题，请与发行方联系。